왜 우리에게 불의와 불행은 반복되는가?

관리된 개별 인간과 예외상태로서의 권력관계

왜 우리에게 불의와 불행은 반복되는가?
관리된 개별 인간과 예외 상태로서의 권력관계

2015년 7월 27일 1판 1쇄 인쇄
2015년 8월 1일 1판 1쇄 발행

지은이	문병호
펴낸이	한기호
편집인	김종락
출판기획	대안연구공동체
편집·디자인	프로므나드
펴낸곳	길밖의길
출판등록	2015년 7월 6일 제 2015-000211호
주소	121-839 서울시 마포구 동교로 12안길 14(서교동) 삼성빌딩 A동 2층
전화	02-336-5675
팩스	02-337-5347
이메일	kpm@kpm21.co.kr
홈페이지	www.kpm21.co.kr
ISBN	979-11-955852-1-2 00300

길밖의 길은 한국출판마케팅연구소의 임프린트입니다.
책값은 뒤표지에 있습니다.

머리말

 2015년 5월 20일, 중동 지역을 방문하였던 한국인이 중동호흡기증후군MERS, 메르스이라는 전염병에 감염된 것이 알려지면서, 전염병 확산에 대한 불안이 한국 사회에 퍼졌다. 그러나 전염병 방역과 퇴치의 책무를 지닌 보건 당국은 환자가 발생한 병원을 곧바로 공개하지 않고 미루다가 불안과 공포가 범사회적으로 확산되자 6월 7일에야 메르스에 감염된 환자가 발생하거나 경유한 병원 명단을 발표하였다. 병원 명단이 18일 동안 비밀로 유지됨으로써 메르스 사태는 걷잡을 수 없이 확산되었다. 메르스는 7월 초를 기준하여 사망자 33명, 확진자 186명을 발생시켰고, 수천 명의 격리자들의 생활을 불편하게 만들었다. 보건 당국이 환자가 발생한 병원 명단을 즉각 공개하고 초기에 신속하게 대처하였더라면 확산되지 않았을 수도 있는 메르스는 보건 당국의 비밀 유지로 인해 한국인들을 불안과 공포에 떨게 하였고 막대한 경제적인 손실을 유발하였다.

 2014년 4월 16일에 발생한 세월호 재앙은 그 충

격적인 성격으로 인해 한국 사회에서 살아가는 모든 한국인을 공황 상태에 빠트렸다. 선박 운행에서 안전을 위해 반드시 준수해야 할 규정들을 무시하고 오로지 이윤 극대화를 위해 트럭 등 중량이 무거운 화물을 과적한 채 바다를 항해하던 거대 선박이 매서운 폭풍과 거친 풍랑을 만나지 않았음에도 진도 앞바다에서 침몰하였다. 거대 선박이 침몰하는 것 자체도 충격이었지만 침몰 이후의 사태 전개는 더욱 충격적이었다. 신속하고도 합리적인 조치와 구조를 통해 승객의 목숨을 구출해야 하는 책임과 의무를 지닌 국가 기관과 관련 기관이 책무 실행에 즉각적으로 착수하지 않고 생명 구조에 결정적으로 중요한 시간을 놓침으로써 결과적으로 295명의 사망자와 9명의 실종자를 발생시켰다. 세월호 재앙은 종파를 통해 자본을 축적한 기업이 저지른 사건으로 규정되고 있지만, 그 진상은 여전히 제대로 밝혀지지 않고 있다.

한국인들이 2014년과 2015년, 두 사태에서 경험한 불의와 불행은 기적적인 경제 발전을 성취하여 경제적으로는 선진국의 반열에 오른 한국 사회가 총체적으로 비합리적인 사회임을 적나라하게 보여 주었다. 두 사태는 한국 사회가 그 구성원들에게 저지르는 불의와 구성원들이 짊어져야 하는 불행을 노출시켰다. 한국 사회의 구성원들은, 무엇보다도 특히 자기 자신의 생존을 어떻게 해서라도 유지시켜야 한다는 절박감 때문에, 개별적이고도 구체적이며 독립적이고 자율적인 존재자임과 동시에 사회와의 관계에서는 사회 규범을 준수하고 사회적인 역할과 책임을 담지해야 하는 존재자로서의 개인으로 올라서지 못한 채 관리된 개별 인간에 머물러 있다. 사회 구성원들을 개별 인간의 상태에 묶어 두는 것은 한국 사회를 지배하는 비합리적인 권력관계들이다. 바로 이 점에서 나는 두 사태의 본질을 본다. 권력관계들이 합리적이고 투명하게 작동되는 사회에서 사회 구성원들이 개별 인간의 상태에 머물러 있는 가능성은 적으며, 개별 인간이 개인으로 올라서 있는 사회에서 권력관계가 비합리적으로 작동되는 가능성은 개별 인간만이 존재하는 사회와 비교해 볼 때 낮다.

    메르스 확산 사태와 세월호 재앙이 한국 사회에 던지는 충격적인 경고를 계기로, 한국 사회도 개별 인간을 개인으로 올라서게 하는 노력에 전체 사회적

역량을 집중해야 할 것이다. 이와 동시에, 비합리적으로 작동되는 권력관계들을 합리적인 권력관계들로 변환시키는 항구적인 노력은 권력관계들에 의해 갖은 종류의 저항에 직면하겠지만, 개별 인간을 개인으로 올라서게 하는 노력과 권력관계를 합리적으로 변화시키는 노력만이 한국 사회에서 불의와 불행을 줄여 줄 것이다. 한국 사회가 이러한 방향으로 나아가기를 바라는 소망을 갖고 나는 이 작은 책을 썼다.

모든 여건이 어려운 상황에서 인문학적 사유와 성찰의 소중함을 이 땅에서 지켜 내기 위해 갖은 간난을 감내하면서 대안연구공동체를 이끄는 김종락 대표에게 감사드린다. 그의 소중한 제안으로 탄생한 이 책이 기대에 부응하기를 바란다.

2015년 7월 초
서울 보문동 서재에서

문 병 호

차 례

머리말   3

I. 메르스 확산의 원인과
   메르스 사태의 본질에 대하여   9

II. 관리, 개별 인간과 개인, 예외 상태,
    권력과 권력관계, 비합리성에 대하여   18

   2.1. 관리   19
   2.2. 개별 인간과 개인   23
   2.3. 예외 상태   28
   2.4. 권력과 권력관계   43
   2.5. 비합리성   51
   2.6. 개념 규정에 대한 정리(한국 사회와 관련하여)   56

III. 관리된 개별 인간   58

   3.1. 관료조직권력에 의한 관리   60
   3.2. 자본권력에 의한 관리   64
   3.3. 이른바 주류 언론권력에 의한 관리   67
   3.4. 교육권력에 의한 관리   68
   3.5 일부 종교권력에 의한 관리   70

IV. 예외 상태로서의 권력관계   74

V. 권력관계의 지배로부터의 출구는 존재하는가?   83

I. 메르스 확산의 원인과 메르스 사태의 본질에 대하여

2015년 4월 18일부터 5월 3일까지 중동 지역을 방문하였던 한국인이 메르스에 감염되었다는 사실이 2015년 5월 20일, 한국 사회에 알려졌다. 이후 일부 병원을 중심으로 전염이 확산되었고, 한국 사회는 내가 이 글을 쓰는 7월 초순에 이르기까지 한 달 보름이 넘게 불안과 혼란에 빠져 있다. 전염병 확산은 한국인들의 의식을 메르스에 전염되는 것에 대한 불안, 심지어는 생명까지 잃을 수 있다는 공포에 수렴시키면서 개인과 사회, 국가에 막대한 폐해를 유발하고 있다. 사람이 많이 모이는 행사들이 취소되고 외국 관광객들의 한국 방문이 급감하면서 메르스 사태는 건강과 보건의 차원에서 뿐만 아니라 사회경제적인 차원에서도 커다란 혼란을 불러일으키는 복합적인 양상을 보이고 있다. 메르스 확산 사태는 전체 사회적인 사태이다. 메르스 사태가 2014년 4월 16일 발생한 세월호 재앙의 경우처럼 한국 사회의 구성원들에게 명확하게 알려 주고 있는 사실이 있다. 한국 사회에서 국민과 국가, 개인[1]과 사회와의 관계가 올바르게 작동되지 않고 국민과 개인이 일방적으로 피해를 입는 잘못된 형식으로 기능하고 있다는 것이다. 이 문제를 논의하는 것이 이 글을 쓰게 된 동기이며, 따라서 이 글은 메르스 사태에 대한 설명, 더 나아가 설문조사나 통계 등 경험적인 방법론에 기초하는 분석을 그 목적으로 설정하지 않는다. 이 글의 인식 관심은 오늘날 우리가 살고 있는 한국 사회에서 무엇이 어떻게 잘못되었기에 국민과 개인이 일방적으로 희생을 당하는 불의와 불행이 반복되는가 하는 물음을 메르스 사태를 통해 제기하고, 이 물음에 답을 시도하는 것이다. 이런 인식 관심은 이론적인 접근, 특히 사회이론적인 접근을 통해서 그

---

[1] 이 자리에서 말하는 개인은 내가 말하는 개별 인간과 구분되는 의미에서의 개인 개념이 아니고, '개인과 사회의 관계' 등과 같은 표현처럼 사회이론에서 일반적으로 사용되는 의미에서의 개인을 지칭한다.

성과를 얻을 수 있다. 잘못된 사회인, 즉 올바른 사회가 아닌 한국 사회의 본질적인 면을 메르스 사태를 계기로 해서 가능하면 깊게 이론적으로 들여다보고자 하는 것이 이 글의 목적이다.

메르스 감염 사실이 2015년 5월 20일에 한국 사회에 알려진 이후 전염병 예방과 퇴치의 책임을 지는 국가 기관은 메르스에 감염된 환자가 치료를 위해 방문한 병원들을 곧바로 공개하지 않았다. 당국은 6월 7일에야 환자가 발생한 병원과 환자가 경유한 병원의 명단을 일괄적으로 발표하였다. 병원 명단을 초기에 공개하지 않아 어떤 병원에 환자가 있는지, 어떤 병원에 메르스 균이 침투되었는지 몰랐던 사람들은 가족이나 지인의 병문안을 갔다가 메르스에 감염되기도 하였고, 다른 병으로 인해 응급실에서 치료를 받거나 병실에 입원하였다가 메르스에 전염되기도 하였으며, 심지어 가족 간에도 전염이 되는 등 치사율이 높은 전염병에 무방비 상태로 노출되었다. 그 결과 메르스는 초기에 퇴치되지 못하였고, 불특정 다수에게 막대한 피해를 주면서 한국 사회에 확산되었다. 이러한 대처 과정은 국제적인 관심을 끌었고 한국의 국가 이미지는 크게 손상되고 말았다. 전염병 퇴치의 책임을 지는 국가 기관이 초기에 신속하고 조직적으로 대처하였으면 발생하지 않았을 불안과 혼돈이 한국인들을 엄습하게 되었고, 한국 방문을 계획하고 있었던 외국인들까지 불안에 떨며 한국 방문을 취소함으로써 막대한 경제적 손실을 유발하였다. 교육 불안, 취업 불안, 고용 불안, 주거 불안, 노후 불안 등 각종 불안이 구조화됨으로써 세계 최고 수준의 자살률, 저출산율, OECD 최고 수준의 노인 빈곤율을 보이는 한국 사회에서 언제, 어디에서, 누구로부터 메르스가 자신에게 전염될까 하는 불안이 가세했다. 이로써 한국인들은 생존의 불안뿐 아니라 생명을 잃을 수도 있다는 불안에까지 시달리게 되었다. 불안의 총체적인 만연이 한국 사회를 엄습하고 있는 것이다.

메르스와 관련하여 한국인들이 총체적인 불안에 시달리게 된 가장 근본적인 원인은 메르스에 감염된 환자가 발생한 병원과 경유한 병원의 명단을 보건 당국이 초기에 신속하게 발표하지 않은 데 있다. 병원의 명단이 공개될 경우에 환자들이 해당 병원을 기피할 것이라는 것은 불을 보듯이 명백하다. 전염병의 확산과 창궐을 미리 차단해야 할 책임과 의무가 있는 국가 기관은 국민의 생명을 최우선적으로 보호해야 한다는 소명 의식을 갖고 신속한 조치를 취해야 함에도 그렇게 하지 않았고 병원들이 입게 될 경제적 손실을 우선적으로 고려함으로써 병원 명단의 공개를 차일피일 미루었다. 병원 명단이 비밀로 유지되었던 주된 이유는 서울삼성병원에서 메르스 환자가 집중적으로 발생하였기 때문이다. 한국 GDP의 20% 이상을 점유하는 대재벌 삼성이 가진 권력은 한국 사회를 지배하는, 다른 권력에 비해 압도적인 위력을 지닌 자본권력이다. 시장권력이 국가권력을 압도하는 상황에서 시장권력 중에서도 절대권력의 지위를 가진 삼성 자본권력의 위력 때문에 서울삼성병원이라는 이름은 전염병이 확산되고 있었음에도 불구하고 비밀로 유지되고 있었던 것이다.

비밀 유지의 대가는 치명적이었다. 국가 기관이 초기에 신속하게 조치를 취했더라면 발생하지 않았을 환자들이 다수 발생하였고, 그들 중의 일부가 사망하였으며 수많은 격리자들이 고통에 시달려야만 하였다. 이러한 비극은 이 시간에도 진행 중이다. 더 나아가 전체 한국인들이 한 달이 넘도록 총체적인 불안에 시달리면서 고통을 받고 있으며 소비가 위축

되면서 2015년의 경제성장률을 하향 조정해야 할 정도로 경제 전체에 충격을 주고 있다. 무엇보다도 특히 음식점, 숙박업, 관광업 등에 종사하는 자영업자들이 막대한 경제적 손실을 입고 있다. 사회를 합리적으로 관리해야 하는 책임과 의무를 갖는 국가권력이, 국민에 의해 위임된 국가권력이 시장권력의 눈치를 보는 과정에서 국가의 주인인 국민이 전염병에 무방비 상태로 노출된 사건이 바로 메르스 확산 사태이다. 메르스 사태는 국가와 국민, 사회와 개인 사이에 존재하는 권리 의무 관계와 책임 관계가 제대로 작동하지 못하고, 권력과 권력관계의 이해관계에 의해 방해를 받음으로써 불특정 다수의 개별 인간들이 목숨을 잃거나 형언할 수 없는 고통을 받은 불행한 사태이다.

전염병은 사회적으로 가장 강력하게 관리되어야 하는 대상이다. 전염병은 사회의 질서를 근본적으로 붕괴시킬 수 있는 사회적 사태이다. 예컨대 서양 중세에 창궐하였던 페스트를 당시의 사회가 제대로 관리하지 못함으로써 수많은 사람들이 사망하였고, 최종적으로 중세 봉건권력의 붕괴로 이어졌다는 해석이 있다. 이는 역사학자들에 의해 일반적으로 인정되는 해석이기도 하다. 전염병 창궐처럼 사회적으로 발생하는 재앙이나 불행의 배후에는 잘못된 사회, 잘못된 사회를 유지시키는 비합리적인 권력관계들이 숨어 있으며, 이것은 거의 필연적이라고 말할 수 있다. 한국 사회를 불안과 공포에 빠트린 메르스 사태와 한국인들을 공황 상태로 밀어 넣었던 세월호 재앙은 국민과 국가, 개인과 사회와의 관계, 오로지 이 관계에서만 그 본질이 드러나며, 이처럼 비극적이고 불행한 사태는 한국 사회에서 국민과 국가, 개인과 사회와의 관계가 합리적으로 작동되고 있지 않고 비합리적인 권력관계들에 의해 지배되고 있다는 것을 반증한다.

주권자인 국민이 위임한 국가권력이 국민 개개인을 관리·통제하는 것에서는 거의 완벽할 정도로 능력을 보이지만 위험으로부터 국민 개개인의 생명을 관리해야 하는 책임과 의무의 이행에서는 권력 행사에 상응하지 못하는 행태를 보였다. 뿐만 아니라, 더 나아가 국가권력의 우위에 위치하는 경향을 보이는 자본권력에게 치외법권적인 예외상태 Ausnahmezustand를 용인함으로써 비합리적인 권력관계가 작동되었고, 이러한 비합리성이 메르스 사태와 같은 불의와 불행을 불러왔다. 이것이 내가 보는 메르스 사태의 본질이다.

나는 메르스 사태의 본질을 이해하기 위한 시도를 서구에서 전개된 여러 가지 이론들의 도움을 받아 행할 것이다. 서구 이론의 도움을 받을 수밖에 없는 근거는 두 가지이다. 첫째, 수천 년 동안 이어져 내려왔던 한국의 전통 사회가 일제 강점기부터 서구의 근대화 모델에 따라 제국주의 폭력에 의해 강제적이고도 타율적으로 해체되었고, 1961년 군부 세력이 집권한 이후에는 산업화 중심의 근대화 과정이 군부 세력에 의해 추동되면서 경제 발전으로 이어졌으며, 이런 과정에서 자본주의가 한국 사회의 경제사회 질서로 뿌리를 내렸기 때문이다. 자본주의는 서구 근대가 구축한 사회경제 질서이다. 둘째, 한국 사회는 정치 행정제도, 사법제도, 교육제도, 언론제도, 종교제도 등 거의 모든 사회제도들과 주거 문화, 의복 문화, 교통 문화, 심지어는 결혼 문화와 음식 문화의 일부까지도 서구화된 사회이며, 서구에서 발전한 학문과 과학기술이 한국 사회에 미치는 영향력이 막대하기 때문이다. 이런 까닭으로 자본주의가 사회경제 질서가 되고 제도, 문화, 학문과 과학

기술이 서구화된 한국 사회에서 발생하는, 사회적인 차원에서 인식되어야 하는 문제들의 진단 및 분석과 대안 제시는 서구에서 발전된 이론들의 도움을 받지 않을 수 없다.

II. 관리, 개별 인간과 개인, 예외 상태, 권력과 권력관계, 비합리성에 대하여

나는 이 글의 제목에서 '관리', '개별 인간', '예외 상태', '권력관계'라는 개념을 사용하였고, 앞 장에서 '개인', '권력', '비합리적'이라는 개념도 도입하였다. 이 글이 설정한 목표에 대한 논의를 위해서는 이 개념들에 대한 간단한 개념 규정이 불가피하다. 개념 규정은 지면의 제한 때문에 요점만 말하는 수준이겠지만, 이 글의 중심을 이룬다. 나는 아래에서 시도되는 개념 규정에 기초하여 III과 IV에서 메르스 사태의 본질에 대해 이론적으로 간략하게나마 접근할 것이다.

2.1. 관리

'관리'의 개념은 프랑크푸르트학파에 의해 도입된 후 세계 학계에서 통용되고 있는 개념인 '관리된 세계verwaltete Welt'를 우선적으로 떠올리게 한다. 프랑크푸르트학파 이전에도 관리된 세계의 개념은 독일의 사회과학자인 막스 베버Max Weber가, 그가 이 표현을 사용하지는 않았지만, 관료조직에 의해 세계가 빈틈이 없이 관료화되는 것을 통찰한 것에서도 이미 인식되었다. 베버가 『정치에 관한 논문집』에서 통찰한 총체적인 관료화는 관료조직에 의한 인간의 총체적인 관리와 지배를 말한다.

"생명력을 잃은 기계는 물이 점점 새듯이 그 속이 비어 가는 정신, 다른 것이 아닌 바로 이러한 정신이다. 생명력을 잃은 기계가 정신이 되고 말았다는 사실, 바로 이것이 인간을 이 기계의 종이 되도록 속박하며, 일상적인 인간의 노동을 실제 공장에서처럼 지배하도록 규율하는 권력을 관료조직에 부여한다. 속이 비어 가는 정신은 또한 살아 있는 기계인 관료조직이 전문적인 노동을 특정 직업에 맞도록 특별하게 교육하고 노동 능력의 종류를 나누어 규정하며,

위계질서에 따라 단계적으로 규율된 복종 관계를 근무 규정에 규정함으로써 그 (노동의) 성격을 말해 주는 기계에 지나지 않는다. 죽은 기계와 함께 움직이는 관료조직은 미래에도 이러한 복종 관계를 - 아마도 미래의 인간들이 이집트 왕조에서의 농민들처럼 무력하게 그 체제에 순응하도록 강요될 - 규정하는 틀을 만드는 일을 할 것이다."[II]

관료조직은 인간을 관리하고 지배하는 것에서는 살아 움직이는 조직이지만 생명력을 상실한 기계일 뿐임에도 그것이 속이 빈 정신으로까지 되면서 인간을 총체적인 관료화에 종속시킨다는 것이 베버의 진단이고 비판이다. 베버의 사회학을 적극적이면서도 비판적으로 수용한 프랑크푸르트학파가 총체적인 관료화의 경향을 더욱 발전시켜, 관리된 세계라는 개념을 내놓은 것으로 보아도 될 것이다. 관리된 세계는 프랑크푸르트학파의 사회이론의 중심에 위치하는 중요한 개념이다. 인간이 자연에 자신의 합목적적 사고와 행위를 투입하여 만들어 낸 세계가,

---

II. Max Weber, Gesammelte Politische Schriften. Mohr Siebeck, Tübingen, 1958, p.320.

큰 틀에서는 인간이 설치한 사회에 의해서, 작은 틀에서는 자연 지배를 추동하는 인간의 욕망, 인간의 도구적 사고와 행위, 인간이 창조한 학문, 기술, 테크놀로지, 관료조직과 기업조직 등 인간이 운용하는 체계와 조직, 문화산업과 같은 이데올로기 등에 의해서 강제적 속박 아래에서 빈틈이 없이 관리되고 통제되는 상태가 바로 관리된 세계이다.

관리된 세계의 개념에서 중요한 것은 세계가 강제적으로 관리된다는 사실이며, 이는 선진사회로 진보하지 못한 한국 사회와 한국 사회가 사회진보의 이상으로 삼고 있는 사회인 서유럽이나 북유럽 사회와 같은 합리적인 사회에도 해당된다는 사실이다. 관리된 세계의 개념을 프랑크푸르트학파를 대표하는 철학자, 사회학자, 예술이론가인 아도르노의 언어를 통해 살펴보기로 하자.

"합리적으로 투명하고 진정으로 자유로운 사회도 관리로부터 벗어나기는 쉽지 않다. 이는 노동 분업 없이 사회가 유지될 확률이 매우 낮은 것과 동일한 이치이다. 강제적 속박의 아래에서 실행되는 관리는, 지구의 전체에서, 관리되는 사람들에 대해 스스로 독립적인 것으로 된다. 이러한 관리는 사람들을 추상적으로 명명된 처리의 객체들로 끌어내리는 경향을 보이고, 막스 베버의 통찰에 따르면 이러한 경향은 경제의 목적-수단-합리성을 되돌아 가리키고 있다. 경제의 목적-수단-합리성은 그 목적인 합리적인 사회를 거역하면서 합리성과는 상관없는 것이 되고 만다. 이렇게 되고 마는 한, 경제의 목적-수단-합리성은 주체들에게 비합리적이 된다."[III]

관리가 관리되는 사람들에 맞서서 그것 스스로 독립적인 것으로 되고, 관리되는 사람들을 그들의 자율성이나 정체성과는 무관하게 추상적인 처리의 대상으로 끌어내리게 되면, 관리되는 사람들은 관리에 의해 받게 되는 영향이나 관리의 결과가 어떠하든 그것과는 상관없는 존재가 되고 만다. 이 상태가 바로 관리된 세계이다. 아도르노는 관리된 세계의 이러한 성격을 베버의 통찰을 빌어 경제의 목적합리성에서 입증하고 있다. 관리된 사회는 비합리적인 사회이다. 나는 다음 장에서 시도될 관리된 개별 인간에 관한 논의에서 관리의 개념을 앞에서 간략하게

III. Theodor W. Adorno, Soziologische Schriften. Frankfurt/M, 2003, p.17.

소개한 아도르노의 관리 개념과 동일한 의미로 사용할 것이다.

2.2. 개별 인간과 개인

나는 이 글의 제목에서 의도적으로 '개별 인간'이라는 용어를 선택하였다. 한국인들에게 익숙한 용어인 '개인'을 사용하지 않고 한국인들에게 낯선 용어인 '개별 인간'을 제목에 붙인 것이다. 그 이유를 이 자리에서 밝히고자 한다.

나는 서구에서 근대 초기에 태동하여 오늘날까지 발전하고 있는 '개인'의 개념이 근대화가 시작된 이후의 한국 사회에서 지금까지 한 번도 실현되지 않았고 현재에도 실현되지 않고 있으며 가까운 장래에 실현될 수 있는 가능성도 별로 높지 않다고 본다. 서구의 근대화는 제국주의 침략 전쟁을 자행하고 과학기술을 대량 살육에 악용하고 자연을 무차별적으로 파괴하는 등 용서받을 수 없는 죄악을 인류에게 저질렀지만, 민주주의의 발전과 개인의 태동 및 발전은 서구 근대화가 성취한, 부인될 수 없는 긍정적인 업적이다. 한국 사회는 경제적인 측면에서는 근대화에 성공했다고 일반적으로 평가받지만 개인의 태동 및 발전은 성취되지 않았고, 한국 사회에서 개인의 개념이 실현되기를 바라는 소망 때문에 나는 개별 인간이라는 표현을 의도적으로 사용한다. 이제 개별 인간, 개인, 내가 생각하는 참된 의미의 개인에 대해 간단하게라도 언급할 차례가 되었다.

개별 인간은 문자 그대로 개별적으로 존재하는 인간이다. 개별 인간은 고대 노예사회에도 존재하였고 지금도 존재하는 인간이다. 개별 인간의 개념과는 구분되는 개념인 개인이라는 개념이, 앞에서 언급하였듯이 인류 역사에 등장한 것은 서구의 근대 초기이다. 서구의 경우 중세 봉건사회가 붕괴하면서 '신민臣民'으로 관리·통제·지배되었던 개별 인간이 서구의 근대 초기에 '나'를 '나'로서 주체적으로 확인하면서 '나'의 정체성을 주장하는 개인으로 나아가려는 의지를 갖게 되었다. 오늘날의 남부 독일 지역과 스위스 지역에서 1524년과 1525년에 걸쳐 발발한 농민 전쟁에서 표출되었던 이러한 의지는 당시의 지배 세력에 의해 - 에른스트 블로흐Ernst Bloch가 농민 전쟁의 지도자를 다룬 책인 『토마스 뮌쩌』에서 보여 주는 것처럼 - 처참하고도 가혹하게 짓밟혔으나, 지하 운동을 통해 이어지면서 1789년 프랑스 대혁명으로 모습을 드러냈다. 절대왕정의 절대군주를 단두대로 처형하였던 프랑스 대혁명은 개인의 본격적인 탄생을 알렸던 세계사적인 대사건이었다. 프랑스 대혁명 이후에도 '내'가 '나'의 정체성을 주장하면서 독립적이고도 자율적인 존재자로 실존하려는 의지는 지배 권력에 의해 폭압적으로 제지를 당하였으며, 이러한 제지는 곧 유혈을 의미하였다. 이처럼 피를 부르는 지속적이고도 집요한 투쟁이 결실을 맺어 서구 사상에서 말하는 개인이 오늘날 서유럽과 북유럽의 국가들에서 다른 지역과 비교해 볼 때 상당히 높은 수준에서 정착되었다. 투쟁을 통해 탄생한 개념인 개인은 신민이 아니며 문자 그대로의 개별 인간도 아니다. 서구 사상에서 말하는 개인은 그러나 '내'가 '나'를 '나'로서 확인하는 권리만을 의미하지 않는다. 이러한 권리에의 요구 제기는 개인이 사회와의 관계에서 행해야 할 사회적인 책임 및 의무와 결합될 때 정당성을 획득한다. 개인 개념은 정당한 권리 주장과 올바른 책임 및 의무 수행의 정합 관계이다.

개인 개념의 논의에서 조금 더 나아가 내가 생각하는 참된 의미의 개인에 대해 짧게 언급하고자 한다. 한편으로 개별적이고도 구체적이며 자율적이고도 특별한 존재자로서 자기 자신을 스스로 확인하고 규정하면서도 다른 한편으로는 사회와의 관계에서 사회 규범을 준수하고 합리적인 노동을 통해 사회의 유지에 동참하면서 사회적 공동선의 실천을 위해서 적극적으로 기여하는 존재자가 바로 참된 의미의 개인이다. 이처럼 참된 의미의 개인이 실현된 사회가 유토피아가 된다는 것은 두말할 필요가 없이 명백하다. 서유럽과 북유럽의 국가들에서, 정도의 차이는 있지만 이처럼 참된 의미의 개인이 일부라도 실현되고 있는 것은 인간의 역사에서 긍정적인 진보가 인간의 투쟁과 항구적인 노력에 의해 가능하다는 것을 보여 주는 좋은 예라고 할 수 있겠다. 한국 사회에서는 그러나 참된 의미의 개인이 일부라도 실현되는 가능성은커녕 서구의 근대 초기에 태동된 개인의 의미에서의 개인조차 실현되고 있지 않다. 한국 사회의 구성원들은 아직도 개별 인간에 머물러 있다. 근대화가 산업화·합리화·민주화·법제화의 복합적인 과정임에도 한국의 근대화가 특히 합리화 과정을 결여한 채 경제 발전을 추동하는 산업화 중심으로 진행되었기 때문이다.

개인의 실현은 개인의 사고와 행위의 합리성, 사회적 행위의 합리성, 비판·토론·양보·합의에 기초하는 민주주의의 정상적이고도 올바른 작동, 권력관계가 추구하는 이해관계가 아닌, 사회 구성원들에 의해 보편적으로 인정되는 관심에 기초하여 진행되는 법제화가 뒷받침될 때 가능하다. 한국의 근대화 과정에서 앞에서 말한 요소들이 경제 발전과 균형을 이루면서 진보한 흔적을 발견하기는 힘들다. 이렇기 때문에 한국의 근대화는 한국인들을 개별 인간으로부터 개인으로 끌어올리지 못하였으며, 그 결과 현재의 한국 사회에서는 사회 구성원과 사회 사이에 격렬한 반목, 갈등이 구조화되고 있는 것이다. 이른바 양극화사회, 무한경쟁사회, 승자독식사회, 불안사회 등 한국 사회를 특징짓는 용어들은 한국 사회에서 개인이 존재하지 않기 때문에 출현한다. 개인이 존재하지 않는 이런 상태에서 개별 인간만이 존재하는 것은 자명한 귀결이며, 2014년 4월에 발생한 세월호 재앙이나 2015년 5월에 발생한 메르스 확산은 개인이 존재하지 않는 사회에서 개별 인간이, 오로지 관리될 뿐인 개별 인간이 당하는 비극이자 불행이라고 해석될 수 있다. 개인이 존재하는 사회, 참된 의미의 개인이 존재하는 사회에서는 이러한 불행한 사건들이 발생할 가능성이 매우 낮으며, 발생한다 하더라도 국가 기관이 희생자가 생명을 잃도록 사태를 방치하지 않으며 전염병이 확산되는 것을 초기에 제어한다. 모든 권력과 권력관계는 개인이 부여한 위임 권력에 지나지 않기 때문이다.

2.3. 예외 상태

예외 상태는 국가가 위급한 비상상태에 처한 상황에서의 권력 행사, 법의 제정, 법의 집행에 관련된 개념이다. 예외 상태는 절대군주나 절대권력자의 절대권력, 독재권력, 절대적인 강제성, 무조건적인 복종, 예외 상태 결정의 정당성에 대한 논의 금지 등을 떠올리게 하는 개념이다. 예외 상태의 근거를 세워 주는 논리는 긴급상태와 필요 상태status necessitas이다. 이런 논리에 의해 절대군주나 절대권력자가 예외 상태에서의 절대권력을 행사하면서 사용하는 가장 흔한 용어는 국가비상상태라는 용어이며, 이에 근거하여 헌법비상상태가 선포되고 비상상태법, 전쟁법, 점령법 등이 제정되고 실행된다. 절대군주나 절대권력자는 국가비상상태라는 용어를 이용하여 비상상태 독재를 정당화하고 합리화하는 것이다.

    국가비상상태라는 용어는 군사독재 정권을 장기간 경험한 한국인들에도 전혀 낯설지 않고 익숙하다. 1972년 10월 17일의 유신 선포를 통한 친위 쿠데타와 1979년의 12·12 군사 쿠데타에서 동원된 용어가 바로 국가비상상태이다. 1961년 군사 쿠데타로 권력을 장악한 군부 세력의 지휘자는 군부 세력 내부에서의 권력투쟁에서 승리하고 선거라는 합법적 수단을 통해 대통령이 되었지만 실제적으로는 절대권력자의 위상을 갖고 있었다. 1971년 3선 개헌을 통해 영구 집권의 길을 터놓은 절대권력자는 1972년 10월, 친위 쿠데타인 10월 유신을 선포하기 전에도 학생들의 반정부 시위를 국가비상상태로 규정하면서 긴급상황과 비상상태에 대한 대처라는 근거를 내세워 군대를 동원, 대학 캠퍼스를 점령하는 위수령 등을 발동하였다. 비상이라는 용어는 1960년대에도 한일회담 반대 시위, 북한에 의한 도발 등의 사태가 발생하였을 때 등장하였으나 1970년대 초반부터 비상, 긴급 등의 용어가 한국인의 일상에 본격적이고도 강제적으로 침투되었다. 절대권력자가 국회를 강제적으로 해산하면서 국가를 예외 상태로 몰아

넣었던 10월 유신 이후에는 예외 상태가 일상이 되었다. 절대권력자는 유신헌법을 반대하는 사람들을 영장이 없이 체포하고 구금한다는 긴급조치들을 1974년 1월부터 연이어 선포하고 경제긴급조치 등을 발표하며 베트남 전쟁에서 구舊월남이 패망한 상황과 북한의 도발 상황 등 긴급상태, 비상상태를 합리화하는 유리한 상황에서 예외 상태를 유지하다가 1979년 10월에 살해되었다. 한국 사회는 1970년대 내내 예외 상태에 처해 있었던 것이다. 절대권력자가 살해되면서 국가비상상태를 의미하는 계엄령이 선포되고 절대권력자의 소멸로 인해 권력 공백이 발생하자 국가비상상태라는 용어는 더욱 강력한 위력을 발휘하게 되었다. 당시의 이른바 신군부 세력은 국가비상상태를 전면에 내세워 유혈을 부르는 군사 쿠데타를 자행하였고 군부의 집권에 반대하는 시위를 벌인 광주 시민들을 군대를 동원하여 총칼로 학살하는 만행을 저질렀다. 신군부 세력이 항상 사용한 용어는 비상상태, 긴급상태였고, 신군부 세력의 지휘자가 대통령이 되는 과정에서 발판을 마련하기 위해 설치된 권력 기구의 명칭은 국가보위비상대책위원회였다. 국보위에 의한 권력 행사는 예외 상태에서의 권력 행사와 정확하게 일치하였다.

앞에서 간략하게 살펴본 것처럼, 예외 상태는, '예외'라는 단어로 인해 인간의 일상적인 삶과는 조금 동떨어진 것으로 보일 수 있는 것 같지만, 인간의 삶에 직접적이고도 강도 높게 영향을 미치는 현실적인 개념이다. 예외 상태에 대한 간략한 이론적인 논의를 마친 후에 뒤에서 언급하겠지만, 이 글의 인식 관심과 관련하여 독자들을 위해 이 자리에서 미리 말한다면, 오늘날 한국 사회에서 작동되는 예외 상태는 1970년대와 1980년대에 한국인들이 경험하였던 명백하게 노출된 예외 상태가 아니고 은폐된 예외 상태이다. 과거의 예외 상태를 작동시키는 권력이 절대권력자의 절대권력이었다면, 현재의 은폐된 예외 상태를 기능하게 하는 중심적인 권력은 자본권력이다. 자본권력은 표면적으로는 시장과 소비자들에게 순응하는 것처럼 보여야 하는 속성을 갖기 때문에 절대권력으로 그 모습을 드러내지 않고 긴급상태나 비상상태와 같은 용어들을 사용할 수 없다. 그러나 자본권력은 권력관계에 영향을 미치는 자본의 위력을 통해, 그리고 거대 재벌이 망하면 국가 경제가 혼란에 처할 수 있다는 이데올로기의 생산을 통해 은폐된 예외 상태를 만들어 낼 수 있는 권력을 갖는다.

은폐된 예외 상태는 비상상태나 긴급상태라는 용어를 동원하지 않고도 작동되는 새로운 형식의 예외 상태이다. 한국인들이 1970년대와 1980년대에 일상적으로 경험하였던 예외 상태가 절대권력자의 자의적인 의지에 의해 작동되었다면, 은폐된 예외 상태는 한국 사회의 구성원들이 어떻든 살아남아야 한다는, 생존에의 맹목적인 의지가 자본권력에의 맹목적인 순응으로 편입됨으로써 권력관계에서 우위를 점하는 권력으로 구조화된, 자본권력 중심의 권력관계에 의해 은밀히 기능하는 예외 상태라고 볼 수 있다. 2015년 5월 20일부터 한국 사회를 불안과 혼돈에 빠트리고 있는 메르스 확산이나 2014년 세월호 재앙에는 권력관계에 의해, 두 개의 비극에 내재된 권력관계의 위상에는 차이가 있을 수 있지만, 은폐된 채 기능하는 예외 상태가 비극의 본질로서 들어 있는 것이다.

예외 상태 개념의 원천적인 의미를 알기 위해서는 고대 로마 시대에 도입된 예외 상태를 살펴볼 필요가 있다. 고대 로마는 국가가 위급상황에 처했을 때 이 상황을 타개하기 위해 정상 상태가 아닌 비상상태에서 권력 행사와 법 제정, 법 집행을 독점하는 제도를 도입하였다. 그 첫 번째 제도는 우리가 잘 알고 있는 독재관 제도Diktatur이다. 이 제도는 모든 국가권력을 6개월의 기간을 정해 단 한 사람의 독재관에게 넘기는 제도였다. 그러나 독재관 제도가 개인 차원의 권력 집중으로 오용되자 고대 로마는 이 제도를 폐기하였다. 두 번째 제도는 원로원 비상결의senatus consultum ultimum 제도였다. 원로원은 국가가 위급상황에서도 해를 입지 않도록 집정관이 모든 조치를 취할 수 있도록 집정관에게 독점적인 권한을 위임하였다. 그러나 집정관이 행사하는 권력의 정통성이 일반 대중에 의해 항상 논란거리가 되었다. 세 번째 제도가 기원전 43년에 도입된 삼두정치Triumvirat이다. 이 제도는 3인에게 5년 동안 독재적인 전권을 행사하도록 허용하였으나 이들 3인의 권력 강화라는 결과로 이어졌다. 앞에서 짧게 살펴보았듯이, 고대 로마가 국가의 비상상태와 위급상황에 대처하기 위해 도입했던 예외 상태는 권력 집중이나 권력 사유화라는 부작용을 유발하였다.

예외 상태는 종교전쟁, 내란 등으로 극심한 혼란 상태에 빠져 있었던 근대 초기의 유럽 국가들에서 절대군주의 권력 독점이나 독재를 정당화하고 절대주의를 일으켜 세우는 데 이용되었다. 절대 왕정의 군주들은 당시에도 잔존되고 있었던 봉건 체제에서의 특권층에 대한 지배권과 봉건 체제의 신분 질서에 대한 절대적인 지배권을 정당화시키는 도구로 예외 상태를 활용하였다. 근대 초기의 유럽 국가들에서 절대주의 국가와 절대군주가 행사하는 폭력적이고도 독점적인 권력을 이론적으로 정당화시켜 준 사람은 잘 알려진 대로 영국의 철학자인 토마스 홉스 Thomas Hobbes이다. 그는 근대 초기에 인식론, 자연법 이론, 법이론, 국가이론에서 오늘날까지 논란의 대상이 되는 이론들을 전개하였다. 그가 활동하던 당시의 영국은 극심한 정치적 혼란을 겪고 있었던 바, 그는 이러한 혼란을 극복하기 위한 대안으로 절대군주의 절대권력을 정당화하는, 예외 상태를 인정하는 이론을 내놓았다. 홉스에 의하면 인간은 만인의 만인에 대한 투쟁 상태인 자연 상태로부터 벗어날 수 없기 때문에, 이 상태는 국가를 통해서만 극복될 수 있다. 그는 만인에 대한 만인의 투쟁을 벌이는 존재인 인간이 국가를 통해 자연 상태로부터 벗어나기 위해서는 모든 권력이 한 사람의 절대군주에게 무조

건적으로 양도되어야 한다고 보았으며, 이것이 그가 말하는 사회계약의 개념이다. 홉스가 말하는 사회계약에서는 루소에서처럼 일반의지가 인정되지 않고, 모든 인간은 자기를 규정하는 권리, 자기를 방어하는 권리를 절대군주에게 자발적으로 양도하여야 하며 이것은 철회될 수 없다. 양도의 조건은 존재하지 않는다. 그 대신에 절대군주는 이처럼 권리를 양도한 모든 인간을 위난으로부터 보호해 준다는 것이 홉스의 국가이론이다.

그는 『리바이어던』의 제2부에서 국가에 대해 상세하게 다루며, 최고의 권능을 소유하는 권리를 갖고 있는 국가에 대해 제18장에서 논의한다. 홉스가 옹호하는 국가의 권리는 다음의 12가지에 이르는데, 그 내용은 다음과 같다.

하나의 국가에 이미 속한 시민은 다른 새로운 계약을 받아들여서는 안 된다는 것, 국가의 행정이 잘못되었다는 이유로 군주가 갖는 지배력이 수용되지 않을 수는 없다는 것, 군주의 지배력이 다수결에 의해 투입되는 경우 시민은 다수결에 대한 불만을 표현하기 위한 목적으로 투표에 대한 증거를 요구해서는 안 된다는 것, 군주가 지배권을 행사하는 행동의 원천은 시민이라는 것, 국가의 수뇌는 신하들에 의해 죽음의 형벌을 받을 수도 없고 다른 종류의 처벌도 받을 수 없다는 것, 국가의 설립은 평화와 보호를 지향한다는 것, 군주의 지배권은 결정권과 결합되어 있다는 것, 군주의 지배권은 소유권을 명백하게 해 준다는 것, 모든 권리 다툼은 진실과 법에 따라 조사되고 결정된다는 것, 군주는 전쟁 선포권, 포상권 및 처벌권을 갖는다[IV]는 것이다.

홉스는 이처럼 『리바이어던』에서 국가에 의한 절대적인 지배권을 옹호한다. 홉스의 국가이론에서는 모든 인간이 절대군주에게 권리를 자발적으로 양도하였고 이것이 취소될 수 없기 때문에, 절대군주의 통치 행위와 권력 행사는 정상적인 법 제정이나 법 집행으로부터 항상 예외적으로 실행될 수 있다. 예외 상태는 절대군주가 절대권력을 행사하는 과정에서 정상적인 상태가 되는 것이다. 이러한 이론을 펼친 홉스가 절대권력과 독재권력을 정당화시켰다는 비판으로부터 벗어나지 못한다는 점은 자명하다.

IV. Cf. Thomas Hobbes, Leviathan. Erster und zweiter Teil. Übersetzt von Jakob Mayer, Nachwort von Malte Disselhorst, Reklam, Stuttgart, 1980, pp.156-163.

예외 상태는 20세기에는 독일의 법학자, 국가철학자, 정치철학자인 칼 슈미트Carl Schmitt에 의해 이론적으로 더욱 상세하게 근거가 세워진다. 홉스의 영향을 받은 그는 나치즘의 지배 체계에 대해 긍정적인 시각을 보임으로써 많은 비난을 받기도 하였다. 슈미트의 국가이론, 정치이론, 법이론의 중심에 위치하는 개념은 질서이다. 그의 시각에서는 질서는 동질성의 창출이다. 그는 이런 시각을 민족 개념에 적용하였으며, 민족은 민족 공동으로 하나의 질서를 형성하려는 의지에서 실현된다고 보았다. 이런 시각을 가진 슈미트는 민족 동질성을 주장한 나치즘을 긍정적으로 평가할 수밖에 없었고, 나치즘 집권 기간 내내 민족 동질성을 종족 개념에 맞추며 나치의 지배 이데올로기를 옹호함으로써 나치즘에 협력하였다. 슈미트는 1922년에 출간된 『정치 신학Politische Theologie』에서 "예외 상태에 대해 결정권을 갖는 사람이 절대권력자이다."[V]라는 유명한 말을 남김으로써 절대권력자에게 결정 독점권을 부여

V. Carl Schmitt, Politische Theologie. Vier Kapitel zur Lehre von der Souveränität. Dunker & Humblot, Berlin, 8.Aufl., 2004, p.13.

하였다. 결정 독점권은 슈미트의 예외 상태 개념에서 중심 개념이며, 예를 들어 절대권력자가 선포한 비상상태, 절대권력자가 생각하는 질서를 거부하는 사람들에 대한 처벌 등에 관련된 결정은 반박의 대상이 될 수 없다. 이 점에서 슈미트는 홉스와 일치한다. 슈미트에 따르면 절대권력자의 결정은 옳음과 그름의 기준으로부터 독립적이다. 절대권력자가 최종적인 결정을 독점한다는 것은 슈미트에게는 절대권력자가 질서를 창출하고 질서를 보증하는 권능을 갖는다는 것을 의미하기 때문이다. 슈미트의 시각에서는 절대권력자가 갖는 결정 독점권이 내전과 같은 혼란 상태가 발생되지 않도록 사전에 방지하는 기능을 가지며 혼란 상태가 발생하더라도 이것을 종식시키는 권능을 갖는다. 질서의 창출과 질서의 유지가 슈미트의 국가이론에서는 최우선적인 가치가 되고 있는 것이다.

슈미트에게 예외는 규칙의 생명을 유지시켜 주는 요소일 뿐만 아니라 일반적인 것을 설명하는 요소이다. 그는 예외 상태가 다른 것이 아닌, 바로 실제적인 현실의 상태임을 주장한다. "예외는 정상적인 경우보다 더 흥미롭다. 정상적인 것은 아무것도 증명하지 못한다. 예외는 모든 것을 증명한다. 예외는 규칙만을 확인하는 것으로 끝나지 않는다. 규칙은 오로지 예외에 의해서만 대체로 그 생명을 유지한다. 예외에서는 실제적인 삶의 힘이 반복을 통해 경직된 기계학의 껍데기들을 뚫는다. 이에 대해, 신학적인 성찰이 19세기에서도 효용이 있는가를 증명하였던 프로테스탄트 계열의 한 신학자는 다음과 같이 말하였다. '예외는 일반적인 것과 예외 자체를 설명한다.'"[VI]

이처럼 슈미트에게는 예외는, 정상적인 것을 일반적인 것으로 간주하는 것이 인간 오성에서 일반적임에도, 정상적인 것과는 다른 예외적으로 특별한 것이 아니다. 앞에서 말했던 1970년대와 1980년대 한국의 현실에서 예외가 곧바로 일반적인 현실이었던 것처럼, 예외는 일반적인 것을 설명한다는 것이 슈미트의 시각이다.

홉스가 당시의 영국에서 발생하였던 내전 등 혼란 상태가 절대군주에게 자발적으로 양도되는 사회계약이론을 통해 극복될 수 있었다고 생각하였다면,

---

VI. Ibid., p.21.

슈미트는 절대권력자가 질서의 창조와 보증을 위해 결정을 독점한다는 이론을 내놓음으로써 결과적으로 나치즘처럼 폭압적인 권력 행사를 정당화시키는 데 이론적으로 도움을 제공하였다. 두 이론가 모두에게 공통적인 점은 질서의 창출과 유지라는 명분을 내세워 절대권력자의 권력 독점을 용인했다는 사실이다. 예외 상태는 권력 독점, 결정권 독점을 정당화하지만, 결코 예외 상태가 아니며 실제적인 현실에서 인간의 삶을 지배하는 상태인 것이다.

예외 상태의 개념은 이탈리아의 철학자 조르조 아감벤Giorgio Agamben이 20세기 말부터 세계적으로 알려지면서 학문적으로 활발한 재조명의 대상이 되고 있다. 그의 『호모 사케르Homo Sacer』가 세계적인 주목을 받았고 이어서 『예외 상태』도 역시 세계적인 관심을 끌면서 이 개념에 대한 학문적인 관심이 새롭게 증대되는 경향이 나타나고 있는 것 같다. 칼 슈미트, 마틴 하이데거, 발터 벤야민, 미셸 푸코의 영향을 받아 형성된 아감벤의 정치 철학은 이 시대를 사는 사람들의 생명에 내재하는 역설에 대한 그의 새로운 시각을 보여 준다. 푸코의 영향을 받은 것에서 알 수 있듯이, 아감벤에게 예외 상태는 배제의 한 형식이다. 호모 사케르는 예외 상태에 의해 배제된 인간이며, 생명에 내재하는 역설을 상징하는 표현이다. 아감벤은 슈미트의 예외 상태 이론을 한편으로 수용하고 다른 한편으로는 고대 로마시대에 존재하였던 호모 사케르, 즉 "살해될 수 있지만 희생되어서는 안 되는"[VII] 인간인 호모 사케르에 접목시킴으로써 쿠바 동부에 위치하는 관타나모Guantanamo 수용소에 수용된 사람들이 오늘날 실재하는 호모 사케르임을 주장한다. 그는 "절대통치권에 대한 칼 슈미트의 정의('예외 상태에 대해 결정권을 갖는 사람이 절대권력자이다')는, 이 정의가 실제적으로 무엇을 다루는가를 우리가 파악했다고 볼 수 있기도 전에, 진부한 말로 되고 말았다."[VIII]고 진단하면서 절대통치권에 대한 근본적인 성찰을 제안한다. "오늘날 거대한 국가적인 구조들이 해체의 과정에 들어섰으며 벤야민이 예견하였듯이 비상상태가 규칙이 되었기 때문에, 국가성의 한계에 관한 문제와 국가성의 근원적인 구조의 문제를 새로운 관점에서 새롭게 던져야

VII. Giorgio Agamben, Homo sacer. Die Souveränität der Macht und das nackte Leben. Aus dem Italienischen von Hubert Thüring, Frankfurt a. M., 1.Aufl., 2002, p.18.
VIII. Ibid., p.21-22.

하는 시기가 바로 오늘날이다."[IX]

국내 학계에서 아감벤에 대한 관심은 고조되어 있는 것처럼 보인다. 하지만, 현재의 한국 사회에서 목도되고 있는 현실을 예외 상태의 개념과 관련하여 심도 있게 진단하고 분석한 후 어떻게 하면 권력 관계의 작동에서 예외 상태가 가능한 한 많이 배제될 수 있는가에 대한 논의는 진행되고 있는 것 같지 않다. 한국의 인문사회과학이 외국의 이론들을 수입하는 것에는 신속하지만 이 이론들로 한국 사회의 현실을 진단 분석하고, 현실 변혁에 비판적으로 접맥시켜 이론 수용의 의미와 생산성을 객관적으로 확보하는 단계로 진입하는 데는 아직도 충분한 역량을 발휘하지 못하기 때문이다. 예외 상태라는 개념이 오늘날의 세계 상황에서도 중요성을 갖는다고 주장한 아감벤을 수용하는 것 자체로는 그가 말하는 생명의 역설에서 신음하는 한국인의 삶의 질적인 변화에 별로 기여하지 못할 것이다. 아감벤 철학의 수용이 자체로서 목적이 되어서는 안 된다. 오히려 오늘날 한국 사회의 개별 인간이 은폐된 채 작동하는 예

IX. Ibid., p.22.

외 상태에서 호모 사케르가 되어 있지는 않은가에 대한 인식과 비판적 성찰에 기여하는 수용만이 그 참된 의미를 가질 것이다. 오로지 학문의 영역에서만 이루어지는 외국 이론의 수용, 학문 내재적으로만 수용되는 외국 이론은 학자들의 지적 유희의 수단이라는 의미 이상의 의미를 갖지 못한다.

2.4. 권력과 권력관계

인간은 국가와 사회의 강제적 속박의 틀에서 살아가는 한, 그리고 국가 조직이나 기업 조직 등 사회 조직에 의존하며 살아가는 한, 출생부터 사망 때까지 단 한 순간도 권력이 요구하는 강제적 복종으로부터 벗어나지 못한다. 일반적으로 지구상에서 가장 강력한 권력을 가진 권력자로 인정되는 미국의 대통령이나 러시아의 대통령, 중국의 국가주석이 행사하는 권력은 강제적인 실행력을 가지면서 지구에서 살아가는 거의 모든 사람의 삶에 직접적으로 또는 간접적으로 영향을 미친다. 러시아 대통령이 천연가스 공급을 장기간 동결시키는 결정을 하는 권력을 행사하면, 그와는 아무런 관련이 없는 한국의 어느 가정의 생활이 직접적으로 영향을 받는다. 국제 사회에 전혀 노출되지 않은 채 국제 현금 투기시장을 배후에서 지배하는 숨은 경제 권력자가 현금 투기에 관련하여 행사하는 권력도 수많은 사람들의 경제생활에 영향력을 행사한다. 숨은 경제 권력자의 권력 행사는 이것에 의해 영향을 받는 국가의 외환 위기를 유발하기도 한다. 예를 들어 민주 국가의 대통령이 법률에 근거하여 공식적으로 행하는 권력 행사의 경우처럼, 권력 행사의 형식이 명백하게 공개되면서 가시적으로 드러나든, 권력 행사로 인해 영향을 받게 될 사람들이 전혀 알지 못한 채 비가시적으로 권력 행사가 이루어지든, 모든 종류의 권력 행사는 지배력과 영향력을 동반한다.

목적-수단-관계에서 정당하게 근거가 세워지고 정당하게 행사되는 의미에서의 권력 개념에서는, 다시 말해 합리적인 의미에서의 권력 개념에서는 권력에 불복종하는 권리와 저항하는 권리가 인정된다. 그러나 권력 행사에서 합리성이 결여되는 경우가 일반적이기 때문에 권력은 폭력과 구분되기가 어렵다. 정치철학자인 한나 아렌트Hanna Arendt는 권력과 폭력을 구분하는 기준으로 폭력이 흉기나 무기 등을 사용하며 도구적 ^{X}이라는 점을 들었지만, 흉기나 무기를 사용하지 않고 책상에서 작성되는 문서를 통해 행사하는 권력이 때로는 흉기 등을 사용하는 폭력보다 더욱 잔혹한 결과를 불러올 수 있다. 나치즘의 폭력은 이를 명백하게 입증하였다. 나치 비밀경찰의 우두머리였던 히믈러 Himmler가 책상에서 서명한 문서에 의해 살해된 사람들의 수는 수백만 명에 이른다. 살해를 명령하는 문서를 작성하여 서명하는 권력과 이 문서를 근거로 실제로 총과 같은 도구를 이용하여 사람을 살해하는 행위인 폭력을 구분하는 것은 권력의 본질을 이해하는 데 걸림돌이 될 수도 있다. 권력과 폭력은, 실제에서는 한 몸이 되는 경우가 많다. 앞에서 논의한 예외 상태에서 절대군주나 절대권력자가 국가를 비상상태로부터 지킨다는 명분을 갖고 행사하는 권력은 권력의 이름으로 치장한 폭력인 경우가 허다하다. 절대군주나 절대권력자가 행하는 예외 상태의 결정과 함께 군대가 동원되어 예외 상태에 저항하는 사람들을 살해하는 경우를 역사에서 발견

X. Hanna Arendt, Macht und Gewalt. Aus dem Englischen von Gisela Uellenberg, München/Zürich, 18.Aufl., 2008, p.78.

하는 것은 어렵지 않다. 이렇기 때문에 권력과 폭력은 구분되기가 어려운 속성을 갖는다. 권력은 인간의 위에 군림하는 가시적이면서도 비가시적인 강제적 힘이며, 그 내부에 폭력의 요소를 항상 내포한다.

추상적으로 표현한다면, 권력은 인간들이 형성한 관계가 인간들 위에 군림하면서 인간들을 지배하는 관계이다. 권력은 인간들의 관계에서 발생하며 이 관계에서 실행된다. 어떤 사람이 외부 세계와는 완전히 유리된 상태에서 섬에서 홀로 사는 경우에는 권력이 발생하지 않는다. 인간이 형성한 권력이 인간을 지배한다는 것은 인간들 상호 간에 강제적인 의존성이 기능한다는 것을 의미한다. 권력에 의해 인간은 강제적으로 의존되는 숙명을 벗어날 수 없는 것이다. 권력이 개별 인간이나 집단, 사회 조직으로 하여금 개별 인간 자신의 의지, 집단이나 조직의 의지와는 무관하게 권력이 요구하는 것의 실행을 강제한다는 것은 권력의 본질에 속한다. 이 점에서 권력에 대한 앤터니 기든스Anthony Giddens의 간결한 정의는 강한 설득력을 갖는다. "권력은 한 개인이나 집단이 자신의 관심사나 이해를 다른 사람들의 저항에도 불구하고 강요할 수 있는 것을 의미한다. 권력은 때때로 직접적인 물

리력을 사용하기도 하지만 대부분은 강자의 행위를 정당화하는 관념, 이데올로기의 발전을 수반한다."[XI]

예외 상태에 관한 앞의 논의에서도 드러나듯이, 권력은 대부분의 경우 절대군주나 절대권력자의 전유물이었다. 절대군주나 절대권력자는 자신의 의지, 판단, 관심, 이해관계 등을 개별 인간들이 각기 다르게 갖고 있을 수밖에 없는 개별적인 의사, 개별 인간들의 관심, 이해관계를 무시하고 실행으로 옮기는 지배권을 거의 전적으로 독점하였다. 절대군주나 절대권력자는 필요에 따라 언제든지 비상상태 등의 용어를 동원하여 예외 상태를 결정하여 선포하고 개별 인간들에게 복종을 강제할 수 있었다. 절대군주나 절대권력자는 한편으로는 자신이 절대권력을 장악하면서도 다른 한편으로는 자신을 중심으로 하는 권력관계들을 형성하는 방식으로 권력을 행사하고 유지하였다. 이것은 절대권력이 원활하게 작동되는 것을 목적으로 한다. 이 경우 절대권력에 편입된 다른 권력은 절대권력이 필요로 하는 관계에서 도구적인 역할을 할 뿐이었다. 권력이 권력에 수직적으로

[XI]. 앤터니 기든스, 『현대 사회학』, 김미숙 외 옮김, 서울, 1996, 75쪽.

시중을 드는 위계질서가 형성되면서 권력관계가 표면상으로 작동되는 것처럼 보이는 현상이 출현하는 것이다.

절대권력에 시중을 들기 위해 형성된 권력관계들을 입법권, 행정권, 사법권으로 분립시켜 3개의 권력이 서로 견제하면서 균형을 이루는 권력관계를 제도적으로 정착시키고자 한 이론이 바로 몽테스키외의 삼권분립 제도이다. 삼권분립 제도는 절대주의 시대에 독점적으로 유일하게 존재하였던 절대권력과 절대권력을 중심으로 표면상으로 형성되었던 권력관계를 견제와 균형을 통한 합리적인 권력관계로 변형시키는 시도였다. 절대권력이 권력관계로 변형되는 것은 몽테스키외에 의해 이론적으로 창안되었지만 삼권분립 제도가 제대로 기능하는 제도로 정착하는 데는 오랜 기간이 소요되었다. 권력관계가 절대권력의 수직적이고 독점적인 지위에 표면적으로 시중을 드는 관계로부터 벗어나 수평적이면서도 입법권, 행정권, 사법권 사이에 상호 견제가 되는 관계로 발전하는 과정은, 이 과정에서 성공한 국가들로 일반적으로 평가를 받는 영국, 프랑스, 독일의 역사에서 입증되듯이, 유혈을 동반한 지난한 과정이었다. 권력관계가 합리적으로 작동하는 수준에 도달하는 것은 거의 유토피아의 수준에 도달하는 것만큼이나 어려운 일이다. 나중에 더 자세히 논의하겠지만 이 자리에서 잠깐 언급한다면, 세월호 재앙이나 메르스 확산은 한국 사회에서 권력관계가 합리적으로 작동되지 않는 상태가 저지른 사태들이다.

서구 근대에서 공장제 수공업의 발달과 함께 자본주의가 태동하고 18세기 초반에 영국에서 산업혁명이 시작되면서 노동 분업이 심화되었다. 허버트 스펜서Herbert Spencer가 통찰하였듯이, 노동 분업은 한편으로는 사회 분화를 촉진시켰고 다른 한편으로는 통합 역시 증대시켰다. 권력은 생산성 향상을 위해 노동 분업을 관리·통제해야 하는 상황에 직면하였으며, 동시에 사회 전체를 통합적으로 관리·통제해야 하는 부담을 안게 되었다. 이 과정에서 권력은 이에 관련된 지식을 필요로 하게 되었다. 17세기와 18세기 프랑스 절대왕정 시대에, "짐이 곧 국가다."라는 생각을 가진 절대군주가 권력을 완벽하게 독점한 상태에서도, 무엇보다 특히 재정학이 발달한 사실이 이를 반증한다. 이 당시에 프랑스 백과전서파의 엘베시우스Helvétius, 달바하Holbach는 지식이 권력에 부역하며 이데올로기를 생산한다는 것을 인식하였다. 그러나 그들은 권력관계의 본질에 대한 인식에까지 도달하지는 못하였다.

미셸 푸코가 부르봉 왕조 시대에 재정학이 발달한 것에 주목한 것은 잘 알려져 있다. 그는 권력과 지식의 착종 관계에 일찍이 관심을 돌렸다. 그는 이러한 인식 관심에 근거하여 서구에서 르네상스 이후에 수학, 생물학, 일반 문법학, 정치경제학, 철학, 언어학, 심리학 등의 학문과 이들 학문이 생산하는 지식이 담론 유희를 벌이면서 권력관계들을 생산하고 재생산하는 과정을 현미경적으로 분석하였다. 푸코에 의해 권력관계의 본질이 비로소 명백하게 인식되었으며, 감옥과 정신병원의 설치는 권력관계가 권력의 유지를 위해 권력관계의 생산과 재생산으로부터 벗어나 있는 사람들을 배제시키는 기술이라는 인식도 세계 학계에 매개되었다. 푸코의 학문적 업적에 힘입어, 우리는 오늘날 인간을 지배하는 것이 권력 자체라기보다는 권력관계라는 사실을 인식하게 되었다. 권력관계가 합리적으로 형성되고 합리적으로 작동되며, 이러한 과정조차도 시민 개개인, 공론장公論場, 투표 등을 통해 항구적으로 비판이 되는 대상이

될 때, 권력관계의 정당성이 확보될 것이다. 그러나 시민 개개인의 의식이 깨어 있지 않는 사회, 자체로서 권력관계를 구성하는 중요한 축으로 변모해 버린 언론권력에 의해 공론장이 점령당하면서 여론이 권력관계에 유리한 방향으로 조작되는 것이 가능한 사회, 투표 행위가 사회 비판 기능을 상실한 사회에서 권력관계의 정당성을 찾는 것은 나무에서 물고기를 찾는 것과도 같다고 할 것이다. 권력관계가 합리적으로 작동하지 않는 사회는 비합리적인 사회이다. 메르스 사태가 상징적으로 보여 주듯이, 권력관계가 합리적으로 작동되지 않고 있는 한국 사회가 비합리적 사회임은 의문의 여지 없이 명백하다.

2.5. 비합리성

합리성은 목적-수단-관계에서 특정 목적을 성취하기 위하여 이에 합당한 특정 수단을 투입하는 사고와 행위에 의해 성립된다. 목적-수단-관계에서 목적이 절대화되면서 어떤 수단을 투입해서라도 목적만 성취하면 된다는 관계로 목적-수단-관계가 변질되거나 수단 자체가 목적이 되는 관계로 변질되면 비합리성이 발생한다. 간단히 말해서, 비합리성은 목적과 수단의 올바른 관계가 무너진 상태를 말한다. 목적절대주의, 수단의 전능화는 비합리성의 대표적인 형식이다. 『헤겔에서 니체로』의 저자이며 마르크스 사상의 핵심을 자기소외 과정으로, 베버 사상의 핵심을 합리화 과정으로 해석하는 학문적 노력에서 탁월한 시각을 보였던 칼 뢰비트Karl Löwith는 비합리성을 수단이 목적으로 되는 상태라고 보았다. "원래는 단순한 수단에 - 그것이 다른 것에 확장되어서 사용될 때 충분한 가치를 갖게 되면서 목적으로 되는- 지나지 않았던 것이 그 자체로 목적 또는 자기 목적이 되면서, 수단이 목적으로 자체적으로 독립하게 됨으로써 수단이 갖는 원래의 의미나 목적이 상실된다. 다시 말해, 수단이 인간 및 인간이 필요로 하는 것에 맞춰짐으로써 원래 보유하는 것인 수단의 목적 합리성을 잃게 되는 것이다."[XII]

비합리성에 대한 더욱 심도 있는 통찰은 아도르노에서 발견된다. 그가 전 생애에 걸쳐 전개한 사유가, 어떻게 하면 비합리적인 사회가 합리적인 사회

XII. Karl Löwith, Max Weber und Karl Marx. Zur Kritik der gesellschaftlichen Existenz. in: Gesammelte Abhandlungen 5, Stuttgart, 1960, p.25.

로 진보할 수 있는가 하는 물음, 합리적인 사회의 합리적인 구축이라는 물음에 수렴되어 있다는 점은 논란의 여지가 없이 일반적으로 받아들여지고 있다. 『계몽의 변증법』에서 그는 세계를 주술이 걸려 있는 정원으로부터 벗어나게 하는 과정인 탈주술화 과정이 한편으로는 합리화 과정이지만 다른 한편으로는 주술에서 벗어나려는 과정이 다시 주술이 되고 마는 비합리화 과정이라는 인식을 매개하였다. 이 인식은 우리에게는 계몽과 신화의 변증법으로 많이 알려져 있다. 원시 시대에서 자연의 위력으로 대표되는 신화적인 강제적 속박으로부터 벗어나려는 노력인 계몽은 그것이 진척되면서 인간을 동시에 신화적인 강제적 속박에 묶어 두었다는 것이 아도르노의 시각이다. 그는 탈주술화 과정이 시작된 원시 제전에서 합리성의 원형을 보고 있다. 인간이 자연의 위력으로부터 자신을 보존하려는 특정 목적을 성취하기 위해 이에 합당한 특정 수단인 원시 제전을 실행하기 때문이다. 이처럼 그는 원시 제전에서 출발한 합리성의 원형에는 비합리성의 근원이 되는 도구성이 동시에 내재되어 있음을 간파하였다. 인간이 원시 제전을 통해 자신을 보존시키려는 도구적인 사고와 행위가 원시 제전에 이미 들어 있기 때문이라는 것이다. 합리성과 비합리성에 대한 아도르노의 이러한 시각은 그의 많은 저작에 퇴적되어 있으며, 그의 시각은 비합리성을 목적 - 수단 - 관계를 넘어서서 사회 전체의 관점에서 이해할 수 있는 가능성을 제공한다. 합리성의 원형에 내재된 비합리성에 관한 아도르노의 인식에서 보았듯이, 사회의 설치는 -아도르노는 원시 제전에서 사회가 설치된 것으로 보고 있다- 합리성과 비합리성이 서로 대립하는 관계를 설치하는 것을 의미한다.

아도르노는 프랑크푸르트 대학의 학생들에게 진행한 〈사회학 강의〉에서 비합리적인 것, 비합리성을 다음과 같이 설명한다.

"내가 여기에서 비합리적인 것이라고 의도하는 바는 다음과 같습니다. 우리는 전체 사회의 목적을 사회를 구성하는 사람들의 생존을 영위시켜 주고 속박으로부터 벗어나게 해 주는 것으로서 고찰하고 있습니다. 그러나 전체 사회는 예나 지금이나 여전히 갖고 있는 사회의 설치를 통해서 전체 사회의 고유한 목적에 반대되는 것인 전체 사회 자체에 고유한 존재 이유와 전체 사회에 고유한 목적을, 인간을 거역하면서, 갖고 있습니다. 나는 이러한 대립관계를 비합리적인 것으로 이해하고 있습니다. 우리가 이처럼 비합리적인 것을 일단 보게 되면, 이른바 비합리적인 제도들 스스로 어떤 기능을 갖게 됩니다.… 오늘날 우리가 살고 있는 사회에서는 사회의 설치가 갖고 있는 비합리성이 수많은 모멘트들에서 - 내가 여기에서 의도하는 모멘트들은 시간적인 것들이 아니고, 수많은 관점에서 보이는 모멘트들입니다 - 통용되고 있는 것으로 보입니다." [XIII]

인간이 사회를 설치하는 고유한 목적이 있음에도 사회는 그것 자체로 고유한 존재 이유와 목적을 가짐으로써 두 개의 목적이 서로 대립관계를 보이는 상태가 바로 아도르노가 보는 비합리성이다. 이 시각은 인간이 다른 인간과 공동으로 협업하여 자신을 보존시키려는 목적으로 설치한 사회가 사회 스스로 독자적인 것으로 되면서 인간을 속박한다는 그의 시각과 일치한다. 그러한 대립관계는 비합리적인 사회를 작동시키는 원리들에 - 이 글에서 도입된 관리된 개별 인간, 예외 상태, 권력관계도 이 원리들에

XIII. 테오도르 아도르노, 『사회학 강의』, 문병호 옮김, 세창출판사, 서울, 2014, 290쪽.

속할 것이다. 아도르노의 경우에는 인간의 자기 주체의 자기 포기, 교환 원리가 비합리적인 사회를 작동시키는 결정적인 원리이다 - 대한 인식과 그러한 원리들에 대한 항구적인 비판을 통해서만 점진적으로 지양될 수 있다.

2.6. 개념 규정에 대한 정리(한국 사회와 관련하여)

지금까지 이론적으로 논의한 결과를 바탕으로 메르스 사태의 본질에, 최종적인 본질 규정으로 넘어가기 이전의 중간 단계의 수준에서 앞에서 논의한 개념들을 사용하여 접근해 보기로 한다.

서구의 근대 이래로 발전을 해 온 개인은 한국 사회에 아직 존재하지 않는다. 내가 말하는 참된 의미에서의 개인이 한국 사회에 존재하지 않는다는 것은 더 이상 말할 필요조차 없다. 따라서 한국 사회에서는 아직도 관리된 개별 인간만이 존재한다. 나는 앞에서 권력에 폭력이 필연적으로 내재한다는 것을 주장하였다. 폭력이 완전하게 배제된 권력은 존재하지 않는다. 문제는 권력에 내재되어 있는 폭력의 강도이다. 권력에 내재된 폭력의 강도가 한국 사회에서 매우 높은 편이라는 사실은 양극화 사회, 불평등 세습 사회, 불안 사회, 위험 사회 등과 같은 용어들이나 자살률처럼 사회 구성원들의 불행을 통계로 보여 주는 각종 수치들에 의해 입증된다. 한국 사회를 관리하고 통제하는 지배적인 권력관계들은 서로 동맹을 맺으면서 자체로서 닫혀진 동질성을 형성하고, 예외 상태를 절대권력자가 결정하여 공개적으로 선포하는 방식이 아닌 은밀한 방식으로 작동시킨다. 정치, 행정, 언론, 법, 교육을 지배하는 권력관계들이 하나의 동질성을 형성하면서 작동하며, 특히 지배적인 언론권력은 이 동질성이 침해받지 않도록 공론장의 형식을 통해 여론을 관리하고 조작하는 역할을 담당한다. 공론장이 한국인들에게 폭력을 행사하는 장으로 되는 것은 한국 사회에 낯설지 않다. 2014년 4월의 세월호 재앙이나 2015년 5월의 메르스 확산은 앞에서 말한 성격을 갖고 있는 한국 사회가, 한마디로 표현한다면 비합리적인 한국 사회가 발생시킨 불행들이다. 이제 이런 재앙들의 희생자인 관리된 개별 인간에 대해, 지면의 제한으로 인해 충분할 정도로 상세하게 논의할 수는 없지만, 어느 정도는 구체적으로 살펴볼 차례가 되었다.

III. 관리된 개별 인간

한국 사회에서 개별 인간에 대한 관리와 통제는 크게 보아 국가권력과 사회에 의해 실행되며, 세부적으로는 관료조직, 재벌과 자본, 언론, 교육, 종교가 가진 권력과 이들 조직들이 가진 권력이 서로 연합하여 형성하는 권력관계에 의해 이루어진다. 세월호 재앙으로 희생을 당한 개별 인간들의 관리와 통제에 관련되는 권력관계는, 이 재앙의 진상이 여전히 명백하게 드러나고 있지 않은 상태에서 표면적으로 드러난 사실에 기초하여 말한다면 관료조직, 자본, 언론, 종교가 형성하는 권력관계이다. 세월호 재앙에 비해 비교적 명백하게 그 진상이 드러나고 있는 것으로 보이는 메르스 사태의 경우에는, 관료조직과 대재벌, 대재벌의 영향권에 놓여 있는 언론으로 이루어진 권력관계가 관련되어 있다. 다음에 이어지는 논의에서 나는 권력과 권력관계가 개별 인간을 관리하는 형식, 기술, 도구, 수단 등에 대해서는 지면의 제한으로 인해 언급하지 못한다. 하여, 다음의 논의는 개별 인간이 권력과 권력관계들에 의해 어떻게 관리되는가를 추상적으로 논의하는 수준에 머무를 수밖에 없다. 다만, 푸코의 『감시와 처벌』은 권력관계가 개별 인간을 관리하는 형식, 기술, 도구와 수단을 발전시켜 온 역사를 고발하는 책으로 읽을 수 있다는 것을 말해 두고 싶다.

이 자리에서 나는 두 가지만 언급하고 싶다. 하나는 권력과 권력관계가 개별 인간을 관리하는 것에서 이데올로기가 어떤 역할을 하며 그 역할이 어떤 해악을 발생시키는가에 대해 논의하는 것이 중요하다는 점이다. 다른 하나는 정보통신 테크놀로지IT의 비약적이고도 지속적인 발전에 힘입어 개별 인간의 관리가 더욱 빈틈이 없이, 실시간으로real time, 개별 인간에 관련되는 모든 데이터가 전산망을 통해 초고속으로 연결된 상태에서 가능해졌다는 점이다. 이러한 가능성은 범지구적으로 확대되고 있다. 한국인들의 주민등록번호가 중국인들의 손에까지 넘어가 각종 범죄에 이용되는 현실이 이를 증명한다.

3.1. 관료조직권력에 의한 관리

막스 베버가 통찰하였듯이 개별 인간들을 빈틈이 없이 법과 규정을 통해 기술적으로 관리하는 역할을 담당하는 것은 관료조직이다. 관료조직은 통상적으로 행정부의 관료조직을 의미하며, 이 관료조직이 개별 인간을 관리하고 통제하는 것에서 중심적인 권력을 행사한다. 그러나 사법부도 관료조직으로 운영된다는 것은 한국 사회가 비합리적인 사회임을 증명하는 중요한 사례이다. 사법권력의 정점에 위치한 권력이 법관들을 엄격한 계급과 위계질서에 따라 통제하기 때문에 사법부도 관료조직의 성격을 갖는다. 사법권력은 권력관계로부터 절대적으로 독립되어야 할 권력이지만, 한국 사회에서 사법권력은 군사독재 정권에서 권력관계의 한 축으로 작동되었다. 사법권력은 자본권력이나 권력관계에서 특수한 힘을 가진 권력자가 저지르는 범법 행위에 대해서는 법 앞에서 만인이 평등하다는 헌법 정신을 위배하면서, 관리된 개별 인간이 저지르는 범법 행위를 처리하는 것과는 전혀 다르게 예외적으로 처리하는 방식을 취한다.

관료조직은 자체로서, 베버가 말하듯이 살아 있지만 생명력이 없는 기계장치와 같은 조직으로서, 독립적으로 되면서 개별 인간들과 사회를 관리하는 권력을 갖는다. 정치권력이 형식상으로는 관료조직을 통제하는 것처럼 보이지만 선거에 의해 한시적으로 형성되는 정치권력이 관료조직의 권력을 능가한다고 볼 수는 없다. 정치권력은 교체 가능성으로 인해 한시적일 수 있지만, 관료조직이 가진 권력은 거의 영구적이다. "죽은 기계와 함께 움직이는 관료조직은 미래에도 이러한 복종 관계를[XIV]··· 규정하는 틀을 만드는 일을 하고 있다."는 베버의 진단은 관료조직권력의 영구성을 말해 준다. 관료조직이 활용하는, 개별 인간을 거미줄처럼 옥죄는 법과 규정은 개별 인간의 삶에 많은 폐해를 끼친다. 예컨대 공장 설립을 통해 기업 활동을 하려는 사람이 공장을 설립하는 데 필요한 법과 규정을 충족시키는 과정에서 지친 나머지 중도에서 포기하는 사례도 발생한다.

XIV. 베버가 앞 문장에서 말한 "위계질서에 따라 단계적으로 규율된" 복종 관계를 지칭함.

선거 때마다 규제 혁파, 규제 개혁이라는 슬로건이 나오는 것이 이 때문이다.

개별 인간은 경제 활동, 취업, 소득과 납세, 병역, 교통과 통신, 교육, 법적 권리 주장, 법적 의무, 법적 처벌, 연금, 장례 등 그의 삶의 거의 모든 영역에서 관료조직이 그물망처럼 짜 놓은 규정에 의해 빈틈이 없이 관리된다. 개별 인간의 삶이 법과 규정을 사용하는 관료조직에 의해 관리된다는 것은 다른 한편으로는 관료조직이 그것 자체로 자기 목적으로 작동되는 것을 가능하게 한다. 이것은 앞에서 인용한 베버의 "생명력을 잃은 기계가 정신이 되고 말았다는 사실"과 일치한다. '살아 있는 기계'이지만 '속이 비어 가는 정신'인 관료조직이 그것 스스로 자기 목적이 되면서 개별 인간의 삶을 총체적으로 관리하고 통제하는 것이다. 개별 인간이 관료조직이 만든 위계질서와 근무 규정 등에 따라 의무 등을 부담하고 삶의 거의 모든 영역에서 관료조직에 의한 관리 대상이 됨으로써 관료조직은, 베버가 말하는 살아 있는 기계로서 그것 스스로 독립적으로 되지만, 이것은 속이 비어 있는 정신에 지나지 않는다. 한국 사회의 모든 개별 인간에게 굴레처럼 부여된 주민등록번호는 관료조직이 개별 인간들을 수학적인 정확성을 갖고 관리하면서 통제한다는 것을 상징적으로 보여 주는 기호이다.

메르스 사태의 본질과 관련하여, 나는 앞에서 국가권력이 개별 인간을 관리·통제하는 것에서는 거의 완벽할 정도로 능력을 보이지만 위험으로부터 국민 개개인의 생명을 관리해야 하는 책임과 의무의 이행에서는 권력 행사에 상응하지 못하는 행태를 보인다는 점을 언급하였다. 관리된 개별 인간의 관점에서 이에 대한 답을 이제 시도할 때가 되었다. 개별 인간들이 부담해야 하는 의무의 관리, 개별 인간들의 삶에 대한 관리와 통제에서는 자체로 자기 목적이 되어 작동하는 관료조직이 그 속성에 상응하게 살아 있는 기계로서의 능력을 발휘한다. 하지만 관료조직이 작동되도록 모든 물질적·인적 자원을 제공하는 국민 개개인의 생명을 보호하는 책임과 의무에서는 관료조직이 -속이 비어 가는 정신으로서- 관리와 통제를 통한 권력 행사에 상응하는 기능을 충족시키지 못한다. 이 모순 관계에서 우리는 메르스 사태의 본질을 이해할 수 있다. 개별 인간에 대한 관리와 통제에서는 거의 완벽한 능력을 발휘하는 관료조직이 예외 상태를 작동시킬 수 있는 자본권력의 위력에 밀림으로써 메르스가 확산되었다는 나의 주장에 대해서는 IV에서 조금 더 살펴볼 것이다.

3.2. 자본권력에 의한 관리

한국 사회의 대다수 구성원은 소수의 대재벌들이 한국 사회의 경제 권력을 독점한다는 사실에 대해 이의를 제기하기가 어렵다는 것을 인정하지 않을 수 없을 것이다. 이른바 재벌 공화국이라는 용어는 한국인들에게 전혀 낯설지 않다. 재벌과 자본권력은 개별 인간을 두 가지 형식으로 관리하는 권력을 갖는다.

한 가지 형식은 직접적으로 작동되는 가시적인 관리이다. 이러한 관리에서 발원하는 권력은 대기업 조직에 고용된 개별 인간을 직접적으로 관리할 뿐만 아니라 대기업에 기업으로서의 생존 여부가 결정적으로 의존되어 있는 수많은 중소기업에 고용된 개별 인간을, 겉으로 보기에는 간접적인 것 같지만 실질적으로는 직접적으로 관리한다. 대기업에 재화를 공급함으로써 생존하는 중소기업에 대해 대기업이 재화 공급을 받지 않기로 결정하면, 중소기업에 고용된 개별 인간은 곧바로 실업 상태에 빠진다. 재벌을 지배하는 권력이 컴퓨터 화면에서 행하는 단 한 차례의 클릭을 통해 개별 인간에 대해 해고 통지를 하거나 중소기업에 대해 재화 공급 중단 조치를 취하면 개별 인간의 자기보존이 곧바로 상실될 정도로 재벌과 자본권력에 의한 개별 인간 관리는 위력적이다.

 이러한 관리가 재벌과 자본권력이 직접적으로 행사하는 관리라면, 한국 사회의 다수의 개별 인간이 재벌 기업에 고용되기를 소망하는 것에서 발원하는 관리, 즉 관리되는 것을 스스로 소망하는 관리는 간접적이고도 비가시적인 관리의 형식을 갖는다. 이러한 간접적인 형식은 직접적인 형식보다 더욱 광범위한 영향력을 지닌다. 아이가 태어나면, 부모는 아이가 의사, 관료조직의 고위직 공무원, 재벌 기업의 직원이 되어야 한다는 교육을 아동기부터 시작한다. 재벌 기업의 직원이 되어야 잘 먹고 잘 살 수 있다는 의식을 주입시키는 교육이 일반화되며, 이러한 교육과 의식이 한국 사회에 광범위하게 확산되어 있다는 것을 부인하기는 힘들다. 확산의 근본적인 원인은 한국인들이 자기보존의 강제적 속박, 즉 생존에의 절대적인 속박에 총체적으로 의존되어 있기 때문이다. 그러한 교육과 의식이 일반화됨으로써, 재벌 기업 스스로 직접적으로 개별 인간의 교육과 의식을 관리하지 않았음에도 불구하고, 개별 인간의 교육과 의식이 재벌과 자본권력에 의해 간접적으로 관리되는 것이다. 한국 사회에서 재벌과 자본권력은, 개별 인간의 교육과 의식이 재벌과 자본권력에 이처럼 의존됨으로써, 개별 인간을 비가시적으로 관리하는 권력을 갖고 있는 것이다.

재벌과 자본권력이 거대 언론 매체들을 소유함으로써 개별 인간의 의식뿐만 아니라 더 나아가 가치 형성까지 관리하는 권력을 갖는다는 사실은 한국 사회에서 상식에 속한다. 재벌과 자본권력은 무엇보다도 특히 TV 방송 매체들을 통해 개별 인간의 의식을 일상적으로 관리한다. 자본권력과 언론권력이 형성하는 권력관계에 의해 개별 인간의 의식이 관리되는 것이 일상화되어 있음을 보여 주고 있는 것이다. 문화산업은 재벌과 자본권력이 개별 인간을 관리하는 가장 효율적인 수단들 중의 하나이다. TV 방송 매체들은 시청자들의 호기심과 감성을 자극하면서 그들의 의식이 천편일률적인 형식과 스

토리를 가진 일일 연속극의 반복적인 소비에서 머물러 있도록, 다시 말해 문화산업이 생산하는 오락물의 소비에 묶여 있도록 개별 인간을 관리한다. 자본권력과 언론권력 중에서 가장 강력한 영향력을 가진 TV 방송 권력이 생산하는 문화산업 오락물의 반복적이고도 동일한 소비를 통해 관리된 개별 인간은, 이러한 소비에 의해 의식이 관리되는 메커니즘에 종속됨으로써 영구적인 관리의 대상이 되고 만다. 의식이 상품구조에 종속되는 사회병리 현상인 사물화 Verdinglichung가 한국인들의 의식에서 창궐하는 것도 재벌과 자본권력에 의한 개별 인간의 관리를 더욱 용이하게 해 준다.

3.3. 이른바 주류 언론권력에 의한 관리

일본 제국주의에 의한 강점으로부터 해방된 이후의 한국 사회에서 개별 인간이 언론권력에 의해 관리되는 것은, 국가권력이나 재벌 권력에 저항하였거나 저항하는 극소수의 언론을 제외하고는, 일상적이며 심지어는 거의 법칙적이라고까지 말할 수 있다. 이른바 주류 언론으로 지칭되는 언론사들이 갖고 있는 지배적 언론권력은 군사독재 정권이 행사하는 절대권력의 시대에서는 국가권력과 대등한 관계가 아닌 종속적인 관계의 형식으로 양자 간의 권력관계를 형성하면서 개별 인간의 의식을 관리하는 역할을 담당하였으며, 자본권력이 국가권력에 대해 우위를 보이는 이 시대에는 개별 인간의 의식이 자본권력의 이해관계에 일치되도록 개별 인간을 관리한다. 국민의 세금이 주축이 되어 운영되는 공영 TV 방송도 정권이 가진 이념과 가치의 차이에 따라 편차를 보이지만, 정권을 장악한 세력의 이해관계에 맞춰 개별 인간을 관리하는 속성에서는 이른바 주류 언론과 다르지 않다.

3.4. 교육권력에 의한 관리

한국 사회에서의 교육권력은 거의 모든 한국인들의 의식·사고·행위·가치를 출생에서부터 사망에 이를 때까지 지배하는, 한국 사회에 매우 독특하며 광기를 생산하는 폭력이라고 지칭할 수밖에 없는 권력이다. 대학입학 수학능력시험이 이 시험에 응시한 학생들을 점수를 통해 1등부터 꼴찌까지 등수를 매겨 관리하는 것에서 적나라하게 드러나는 것처럼, 교육권력은 개별 인간을 수학적으로, 총체적으로 관리하는 광기를 보인다. 교육권력이 개별 인간을 총체적으로 관리하면서 광기와 같은 폭력으로 작동되게 하는 원인을 제공하는 힘은 이른바 명문 고교나 명문 대학 출신자들이 한국 사회에서 장악하고 있는 독점적인 권력인 학벌권력에 근거한다. 교육권력과 학벌권력은 한 몸이며, 개별 인간들은 이 권력에 의해 자신이 관리당하는 것을 기꺼이 자발적으로 선택한다. 학벌은 관료조직권력, 자본권력, 언론권력에 가장 효율적으로 진입하는 수단이며, 이러한 권력들에 내재하는 권력체계의 핵심으로 들어서는 것에서도 가장 강력한 힘을 발휘하는 요소이다.

교육이 폭력과 같은 것이 되고 만 현상의 더욱 근본적인 원인은, 교육을 통한 신분 상향 이동이 대중 교육을 한국보다 일찍 도입하였던 서구 국가들에서 나타난 교육을 통한 신분 상승의 정도에 비교해 볼 때, 1960년대 이래로 추동된 한국의 산업화 과정에서 상대적으로 높은 정도로 성취된 사실에서 규명될 수도 있다. 독점적인 권력 점유의 정점에 최고 일류 국립대학이 위치한다. 이 대학은 교육권력을 상징한다. 이른바 명문 중고등학교와 특히 이른바 명문 대학에 입학하려는 의식·사고·행위가 한국 사회의 거의 모든 가정에서 일반화됨으로써 교육권력은 개별 인간을 매우 용이하게 관리하는 권력을 거의 자동적으로 갖게 된다. 개별 인간은 자신이 교육권력에 의해 관리되는 것을 스스로 자발적으로 선택하고 이러한 선택이 메커니즘을 구축한다. 이렇게 됨으로써 교육권력은 강제력을 행사하지 않고서도 개별 인간을 관리하고 지배한다. 거의 모든 한국인들에게 만연되어 있는, 학벌을 얻어야 한다는 맹목적인 의지와 열망은 교육권력이 개별 인간을 총체적으로 관리하는 메커니즘의 구축으로 이어졌으며, 이 메커니즘이 한국 사회에서 붕괴되거나 해체될 조짐은 여전히 보이지 않는다. 오히려 한국 사회는 이 메커니즘이 강화되는 방향으로 질주하고 있다고 보는 것이 맞는 것 같다.

3.5. 일부 종교권력에 의한 관리

막대한 자본을 소유하고 언론 기관과 교육 기관까지 운영하는 권력을 갖는, 수많은 신도들을 확보한 일부 종교권력도 한국 사회에서 개별 인간을 관리하는 데 영향을 미친다. 신앙을 통해 심적으로 안정과 평안을 얻고 영혼의 소중함을 유지하는 데 기여해야 하는 본령을 지닌 종교와, 종교가 인간에게 제공하는 가치들을 매개하는 종교적 행사들이 이미 권력으로 형성된 일부 종교권력을 강화하기 위해서 종교적인 가치가 아닌 정치적 이념들이나 물질적인 가치들을 신도들에게 전파한다. 개별 인간이 종교적 가치에 의해 심적인 평안과 행복을 얻는 대신 일부 종교권력에 의해 이념적으로 관리되는 현상이 발생하는 것이다.

지금까지의 논의에서 보았듯이, 한국 사회에서의 개별 인간은 총체적으로 관리되고 통제되는 객체이다. 관리되는 객체는 개별 인간이라는 하나의 객체이지만 개별 인간을 관리하는 주체들은, 즉 권력과 권력관계의 형식으로 작동하는 주체들은 앞에서 본 것처럼 여러 개다. 여러 개의 주체들에 의해 하나의 객체인 개별 인간이 빈틈이 없이, 관리의 총체성으로부터 빠져 나갈 수 있는 출구가 허용되지 않은 채 관리되는 모습을 한국 사회가 보여 주고 있다. 세월호를 타고 가다가 바다에서 목숨을 잃은 사람들, 다른 사람들이 아닌 바로 이 사람들이 관리된 개별 인간이다. 거대 선박이 바다에 가라앉고 있음에도 선박에서 탈출하지 말고 선박 내부에 머물러 있으라는 방송에 따라 선박 내부에서 목숨을 잃은 사람들이 바로 관리된 개별 인간이다. 관리된 개별 인간은 삶과 죽음의 갈림길에서도 관리를 받는 것이 삶으로 이어질 것이라고 믿었으나, 관리에 대한 믿음은 죽음으로 귀결되었다. 그러나 죽음의 위협으로부터 개별 인간을 구출하는 관리는 존재하지 않았다.

이것은 모든 권력과 권력관계는 그 내부에 역설을 내포하는 속성을 지니고 있지만, 개별 인간을 관리하는 주체인 권력과 권력관계에도 역설이 내재한다는 것을 보여 준다. 권력과 권력관계가 개별 인간을 관리하는 힘으로부터 발원하고 있음에도 개별 인간을 생명의 위협으로부터 구출하는 관리를 포기하거나 거부하는 행태를 보이고 있기 때문이다. 이러한 역설은 메르스 사태에서도 입증된다. 개별 인간은 권력과 권력관계에 의해 철저하고 완벽할 정도로 관리되지만 개별 인간을 전염병의 위험으로부터 보호하는 관리는 전염병 발생과 동시에 즉각적이고도 신속하게 작동하지 않았다. 국가 기관이 행사하는 권리로서의 관리는 총체적으로 작동되었지만 전염병 확산의 위험에도 불구하고 국가 기관이 담지해야 할 의무로서의 관리는 18일 동안 실행되지 않았다. 2015년 5월 20일부터 2015년 6월 7일에 걸쳐 18일 동안 예외 상태가 작동된 것이다.

Ⅳ. 예외 상태로서의 권력관계

　앞의 Ⅱ에서 논의하였듯이, 한국 사회에서의 예외 상태는 1970년대와 1980년대에 그 적나라한 모습을 노출시켰다. 1987년 6월 항쟁의 결과 새로운 헌법이 제정되고 한국 사회의 민주화의 가능성이 태동하였으며 예외 상태가 일상이 되는 것을 옹호하는 언론이 아닌, 권력을 비판하는 논조를 지닌 언론이 출현하는 등의 변화가 있었다. 그리고 이러한 변화에 떠밀려 예외 상태는 그 작동 형식을 변화시키지 않을 수 없었다. 칼 슈미트가 말하는 절대권력자, 즉 '예외 상태에 대해 결정권을 갖는' 절대권력자를 민주화의 열풍이 용인하지 않은 상황이 출현하였기 때문이다. 예외 상태가 민주화 등의 사회 변화에 적응하는 방식은 절대권력이나 권력 독점의 형식으로 작동되던 권력이 권력관계로 변신하는 것을 통해 이루어진다. 다시 말해, 단수주의와 유일무이성의 성격을 갖던 권력이 복수주의, 다양성의 성격을 갖는 것처럼 변화하는 모습을 보여 주고, 그렇게 하여 권력에 대한 비판과 견제의 강도를 줄이면서 권력을 유지하는 것이 권력의 속성이기 때문이다. 이처럼 표면적인 변신이 더 이상 가능하지 않는 사회, 사회 구성원들이 권력관계를 형성하는 여러 종류의 권력들 중에서 어떤 권력도 독점적인 지위를 갖지 못하도록 항구적으로 감시하고 비판하는 활동이 구조적으로 정착된 사회를 우리는 참된 의미에서의 민주주의 사회라고 부를 수 있을 것이다.

1987년의 6월 항쟁의 성과와 더불어 한국 사회에서의 권력은 권력관계에서 봤을 때, 표면적으로나마 변화하였다. 한국인들은 더 이상 예외 상태를 일상으로 경험하지 않아도 되었다. 권력관계를 형성하는 여러 권력들 중에서, 정치권력이 상대적으로 우위를 점하는 것처럼 볼 수 있는 여지가 있지만, 다른 권력을 위압적으로 지배하는 권력은 일단은 사라졌다. 예외 상태를 자의적으로 결정할 수 있는 절대권력자가 민중의 저항에 의해 사라지면서 정치권력의 우위가 쇠퇴하였고 정치권력이 발원하는 기반이 되었던 군사권력이 권력관계의 중심적인 축으로부터 퇴장하였다. 그 결과 정치권력과 군사권력이 아닌 다른 권력이 권력관계에서 차지하는 비중이 증대되었다. 정치권력이 다른 권력들을 위압적으로 지배하지 못하게 되면서 정치권력과 힘과 영향력을 겨룰 수 있는 다른 권력이 성장하고 있었던 것이다. 1980년대 후반 자동차를 미국 등에 수출하는 것을 기점으로 기술 선진국으로의 도약을 마련한 한국은 1990년대 이후 전자산업, 화학산업 등 기술집약적인 산업을 발달시키고 특히 반도체 산업에 뛰어들면서 첨단 전자제품의 생산에서 세계적으로 우위를 점하였던 일본을 마침내 추월하는 성과를 올리게 되었다. 1960년대부터 1980년대까지는, 다시 말해 예외 상태가 작동되는 시기에서는 재벌과 대기업은 절대권력자의 지배를 받고 있었다. 예외 상태가 기업 활동을 통제하였던 것이다.

그러나 재벌과 대기업이 예외 상태가 절대권력자에게 부여하는 절대권력으로부터 벗어남과 동시에 반도체 기술 등 첨단 기술에 적극적으로 진출하면서 국내 시장을 장악하는 것을 물론이고 세계 시장에서까지 경쟁력을 확보함으로써 자본권력이 권력관계에서 우위를 점하게 되었다. 더구나 1970년대와 1980년대의 절대권력이 예외 상태를 유지시키는 근거로 삼았던 국가비상상태, 국가 안보, 사회 안전, 사회 질서 등과 같은 이념적인 도구들이 사라지고, 경기 침체, 경기 후퇴, 경기 불안, 세계 경제 침체, 증시 침체, 고용 불안, 부동산 시장 불안정처럼 경제 영역에서 비상상태와 긴급상태를 한국인들에게 매개하는 용어들이 한국인들의 의식에서 차지하는 비중이 급격하게 증대되면서, 이에 비례하여 자본권력이 권력관계에서 차지하는 우위가 상승되었다.

2003년에 출범하였던 참여정부 시절에 입증된 것처럼, 거대 재벌이 자본을 묶어 두고 시장에 투자하지 않으면, 이른바 자본 스트라이크를 일으키면 경기가 침체되고 고용 불안이 심해진다. 이런 상황이 사회 구성원들에게 직간접적으로 불리하게 작용하면, 그들은 자신이 당하는 불리함을 자본권력으로부터 발원한 것으로 인식하는 것보다는 국가나 정부의 잘못으로 판단하며 이러한 판단을 투표 행위를 통해 드러낸다. 이 사례에서 보듯이, 자본권력은 정치권력에 결정적인 영향을 미칠 수 있는 위력을 갖고 있는 것이다. 더 나아가 한국 사회의 대다수 구성원들은 재벌과 대기업이 망하면 한국 경제도 망하고 자신의 생존도 위협을 받는다고 생각하는 경향이 있다. 이러한 집단의식도 자본권력의 지배력을 증대시킨다. 절대권력이 민중의 저항에 의해 권력관계로 타율적으로 변화되는 과정에서, 그리고 한국 경제가 1990년대 이후 기술집약적인 첨단 산업 경제로 발전하는 과정에서 자본권력이 한국 사회의 중심에 진입하면서 권력관계에서 우위를 차지하게 된 것이다. 자본권력이 권력관계에서 지배적 위치를 점하면서 예외 상태를, 1970년대나 1980년대의 경우처럼 그 모습을 적나라하게 노출시키는 형식으로는 아니지만, 작동시킬 수 있는 환경이 조성되었다.

이렇게 볼 때, 메르스 확산 사태는 자본권력에 의해 그 힘이 약화된 관료조직권력이 전염병 발생 병원 명단을 곧바로 공개하지 않고 비밀로 유지하면서 18일 동안 작동시켰던 예외 상태가 그 주된 원인이라는 해석이 가능해진다. 이 해석에 이르러 내가 앞에서 제기한 주장, 즉 은폐된 예외 상태는 비상상태나 긴급상태라는 용어를 동원하지 않고도 작동되는 새로운 형식의 예외 상태라는 주장이 설득력을 얻을 수 있을 것이라고 본다. 세월호 재앙이, 아직도 그 실체를 알 수 없지만 특정 종파의 형성을 통해 축적되었다고 하는 자본권력과 관료조직권력이 비합리적으로 결합된 상태에서 뇌물을 주고받으면서 은폐한 채 작동시켰던 예외 상태가 유발한 재앙이라면, 메르스 확산 사태는 한국 사회를 지배하는 절대적인 자본권력인 삼성 자본권력이 권력관계에서 점하는 우위로 인해 전염병 감염이 비밀로 유지됨으로써 발생된 사회경제적인 사태이다.

메르스 사태는 예외 상태에 대해 가시적으로 드러나는 결정권을 갖지는 않지만, 예외 상태를 비가시적으로 결정하는 형식의 예외 상태, 자본권력자의 손을 통해서 결정되는 예외 상태가 아니라 권력관계의 작동을 자본권력자의 이해관계에 맞도록 예외적으로 정지시키는 새로운 형식의 예외 상태가 출현한 것을 보여 준다. 메르스가 한국 사회의 모든 구성원들을 심각한 불안으로 몰고 가지 않았으면 칼 슈미트가 말하였듯이 예외 상태가 권력관계 내부에서는 정상적이고 일반적인 것이 되면서, 새로운 형식의 예외 상태는 노출되지 않은 채 지속적으로 은밀하게 작동됐을 것이며 지금도 작동되고 있을 것이다. 한국 사회에서뿐만 아니라 권력관계의 합리성과 투명성이 결여된 모든 사회에서, 새로운 형식의 예외 상태는 그 모습을 노출시키지 않은 채, 권력관계의 이해관계를 보호하고 유지하기 위해 지금 이 시간에도 작동하고 있을 것이다. 비극적인 것은 한국 사회의 거의 모든 영역에서 새로운 형식의 예외 상태의 작동이 편재되어 있다는 사실이다. 대학이 학벌을 만들어 낼 수 있는 권력, 교수들이 갖는 사회적인 영향력에서 발원하는 권력, 자본권력을 매개로 하여 새로운 형식의 예외 상태를 작동시키는 것도 그러한 편재의 한 예라고 볼 수 있다. 예외 상태는 고대 로마 시대 이래 하늘과 신, 질서, 국민의 이름으로 개별 인간을 권력의 이해관계에 맞게 관리하였다. 이런 속성을 가진 예외 상태는 이제 예외 상태의 결정 독점권을 인정하지 않는 민중의 저항으로 인해 지하로 숨어 들어가서 권력관계의 작동에서 우위를 점하는 권력자의 이해관계를 지켜주는 수단으로 변신하였다. 메르스 사태는 이러한 변신이 그 모습을 잠깐 드러낸 사건일 뿐이다.

새로운 형식의 예외 상태가 작동되는 사회에서,

권력관계는 한편으로는 법과 규정의 준수, 경제 발전, 시민의 안녕과 평화 등을 표방하면서 사회가 표면적으로는 합리적으로 작동하는 것처럼 치장하는 기술을 구사한다. 그럼으로써 사회가 정상적으로 기능하고 있다는 인상을 사회 구성원들에게 각인시키기 위해 노력한다. 그러나 그러한 사회에서는 다른 한편으로는 권력관계가 비합리적으로 기능하는 것이 오히려 정상적인 것으로 되고 말며 이로 인해 정상적인 것이 비정상적인 것으로 전도顚倒된다. 새로운 형식의 예외 상태는 합리로 치장되었지만 실제로는 비합리적인 권력관계가 만들어 내는 비합리적인 상태이기 때문이다. 이처럼 비합리적인 상태가 작동되는 데 필요한 물질적이고 인적인 자원을 제공하는 사람들은 절대다수의 무력한 관리된 개별 인간이며, 비합리적인 권력관계가 저지르는 사고로 인해 사회가 지불해야만 하는 모든 피해를 떠맡아야 하는 사람들도 바로 관리된 개별 인간이다. 예외 상태는 배제의 한 형식이라는 아감벤의 말에서 드러나는 것처럼, 새로운 형식의 예외 상태에서 은밀하게 작동되는 권력관계는 관리된 개별 인간을 권력관계가 추구하는 이해관계 충족의 측면에서는 빈틈이 없이 관리하여 권력관계에 편입시킨다. 하지만 죽음 등 위험으로부터 보호해야 하는 책임과 의무의 측면에서는 관리된 개별 인간을 배제한다. 이처럼 권력관계는 편입과 배제를 구사하면서 관리된 개별 인간을 지배한다. 메르스 사태의 경우, 배제된 개별 인간의 수가 사망자, 확진자, 격리자의 숫자라는 통계 수치로 등장하지만, 그들만이 배제된 것이 아니고 절대 다수의 무력한 개별 인간이 배제되어 있는 것이 오늘날 한국 사회가 처해 있는 상황이다.

V. 권력관계의 지배로부터의 출구는 존재하는가?

 나는 한국 사회에서 세월호 재앙이나 메르스 확산 사태와 같은 불의와 불행이 다시는 발생하지 않기를, 관리된 개별 인간에 대한 권력관계의 지배력이 약화되기를 소망하며 이 글을 썼다.

 한국 사회가 2014년 4월과 2015년 5월에 연이어 경험한, 개별 인간의 생명을 앗아가는 사태들은 정권이나 권력자의 무능에 그 원인이 있다는 수준에서 이해될 수 있는 사태들이 아니다. 세월호 재앙과 메르스 확산 사태는 관리된 개별 인간을 관리 체계에 편입시켜 관리하는 것에서는 완벽한 능력을 보이는 권력관계가 관리된 개별 인간의 생명을 보호하는 의무에서는 -은폐된 예외 상태로 작동되면서- 개별 인간을 권력관계로부터 배제시킴으로써 발생한 사건임이 확인되었다. 그러므로 나는 관리된 개별 인간이 권력관계가 구축한 이러한 메커니즘으로부터 빠져 나올 수 있는 출구가 있는가를 묻는 것으로 이 글을 마무리하고자 한다.

인간이 사회의 형식에 의해 서로 의존적인 삶을 살아야 하는 한, 인간은 권력과 권력관계로부터 빠져 나올 수는 없다. 권력관계가 저지르는 불의와 불행의 강도를 줄이는 유일한 길은 권력관계가 합리적이고도 투명하게 작동되도록 권력관계를 변화시키는 것에서 찾을 수밖에 없다. 이를 위해서는 관리된 개별 인간이 개인으로 올라서야 하며, 궁극적으로는 참된 의미의 개인으로 진보하여야 한다. 이 과정은 매우 험난한 과정이지만 이는 가정에서부터 출발하여야 한다. 부모에 의해 최초로 시작되는 사회화socialization에서 자녀가 개별 인간이 아닌 개인으로 성장할 수 있도록 부모가 나서야 하는 것이다. 이러한 새로운 출발이 사회화의 매개체들인 또래 관계, 학교, 일터, 언론과 함께 승수 효과를 내면서 전체 사회적으로 확대될 때, 개별 인간이 개인으로 성장할 수 있는 가능성이 열릴 수 있다.

미셸 푸코는 『말과 사물』에서, 니체[XV]의 "신은 죽었다."에 접맥하여, "인간은 죽었다."고 선언하였다. 권력관계만이 작동할 뿐 인간의 주체는 소멸하였음을 선언한 것이다. 그럼에도 그는 세상을 떠나기 직전에는 인간의 주체성의 복원을 소망하고 이를 자신의 저작을 통해 표현하려고 했던 것으로 알려져 있다. 인간에 의한 인간 지배, 사회에 의한 인간 지배, 이 글에서 논의된 권력관계에 의한 인간 지배는 인간이 자신에 고유한 주체성을 스스로 포기하는 것을 통해 유지된다. 단적으로 말해, 사회 지배는 인간의 자기 주체의 자기 포기를 먹이로 해서 먹고산다.

이러한 인식은 테오도르 아도르노, 위르겐 하버마스Jürgen Habermas 등 걸출한 이론가들을 배출시킴으로써 20세기 후반의 서구에서 사회 진보에 크게 기여한 것으로 평가받고 있는 프랑크푸르트학파의 역사에서 가장 중요한 저작으로 일반적으로 인정받는 저작인 『계몽의 변증법』이 인류에게 매개한 소중한 정신적인 유산이다. "모든 문명적인 합리성의 핵

[XV]. 니체로부터 가장 많은 영향을 받은 푸코를 20세기의 니체로 보는 시각은, 푸코 사상은 니체가 서구 문명, 권력, 학문에 대한 비판을 통해 시도한 가치 비판과는 훨씬 정교한 측면을 보이지만, 서구 철학에서 일반적으로 인정되는 시각이다.

심인 본성의 포기는 무성하게 자라서 만연하는 신화적 비합리성의 세포이다. 인간에 있는 본성의 포기와 더불어 외적 자연 지배의 목표뿐만 아니라 본래의 삶의 목표까지도 혼란스럽게 되며 불투명하게 된다. 인간이 본성으로서의 자기 자신에 대한 의식을 스스로 절단하는 순간에, 인간이 삶에서 자신을 유지시키는 모든 목적들, 사회적 진보, 모든 물질적 및 정신적 힘의 상승, 심지어는 의식 자체까지도 아무것도 아닌 것으로 된다."[XVI] 주체성의 자기 포기를 대가로 얻어지는, 한국 사회에서 지금 이 순간 실현되고 있는 물질적 풍요는 아무것도 아니다. 한국 사회에서 창궐하고 있는, 정신에 대한 물질문명의 승리와 환호는 자기 주체의 자기 포기라는 희생을 대가로 해서 얻어지는 승리이자 환호일 뿐이다. 공허한 승리이고 의미 없는 환호이다. 물질적인 욕망에 종속된 상태에서 자기 주체를 스스로 포기하는 주체가 만드는 한국의 물질문명은 『계몽의 변증법』이 말하는 문명관과 일치한다. "문명의 역사는 희생을 내

[XVI]. Max Horkheimer/Theodor W. Adorno, Dialektik der Aufklärung. Philosophische Fragmente. Fischer Verlag, Frankfurt/M, 1971, p.51.

적으로 감수한 역사이다. 다른 말로 하면, 문명의 역사는 자기 포기의 역사이다. 자기 포기를 하는 모든 사람은 그에게 되돌려지는 것보다 더욱 많은 것을 그의 삶으로부터 내주게 되며, 그가 방어하는 삶보다도 더욱 많은 것을 내주게 된다. 이것은 잘못된 사회의 연관관계에서 전개된다."[XVII] 자기 주체의 자기 포기를 먹이로 해서 유지되는 한국 문명과, 잘못된 사회인 한국 사회는 앞으로도 세월호 재앙이나 메르스 사태와 같은 불의와 불행을 불러올 것이며, 재앙들과 불의들은 사물화에 의해 망각될 것이다. 물질에 의해 정신이 지배당하는 사회병리 현상인 사물화는 인간의 의식을 물질적인 욕망 추구와 욕망 충족에 종속시키면서 주체의 자기 포기와 사물화가 유발하는 불의와 불행을 망각시키게 하는 마법적인 힘magic power을 갖고 있기 때문이다.

권력관계는 권력관계에 의해 빈틈이 없이 지배를 받는 관리된 개별 인간들의 삶과는 관련이 없이 푸코가 통찰했던 대로 이들을 권력관계의 이해관계

[XVII]. Ibid., p.51.

로부터 배제시키면서 앞으로도 계속해서 작동될 것이다. 이들의 삶은 이러한 작동 과정에서 동일한 삶으로 재생산되는 운명을 면하지 못할 것이다. 예외 상태로 작동하는 권력관계가 강요하는 관리된 개별 인간으로서의 삶으로부터 벗어나려는 모든 투쟁과 노력은 계급투쟁과 같은 정도의 수단을 통해서는 별다른 성과를 얻지 못할 것이다. 내가 말하는 새로운 형식의 은폐된 예외 상태와 권력관계가 관리된 개별 인간들의 의식, 행동, 활동을 분석하여 예외 상태와 권력관계의 작동을 조절하는 능력을 진화시킬 것이기 때문이다. 푸코가 보여 주었던 갖은 종류의 학문적인 지식과 지배 기술, 피에르 부르디외Pierre Bourdieu가 상징조작에서 분석하였던 의미와 기호의 조작 기술, 항상 새롭게 변신하는 온갖 종류의 이데올로기가 이러한 진화에 연루될 것이라는 점은 의문의 여지가 없다.

　권력관계가 관리된 개별 인간을 항구적으로 지배하기 위해 이용하는 갖은 종류의 지식과 수단, 이데올로기를 이용하여 구사하는 지배 기술과 지배 테크놀로지가 그 지배력을 감소시키는 방향으로 사회가 진보하기 위해서는 사회 구성원들의 비판 의식이 무엇보다도 긴요하다. 특히 한국인들의 의식을 총체적으로 지배하고 있는 사물화를 퇴치시키는 일에 전체 사회가 가능한 모든 노력을 기울이는 것이 중요하다. 대다수 한국인들이 감염되어 있는 질병인 사물화가 자본권력을 더욱 강화시켜 주고, 이렇게 함으로써 권력관계에서 우위를 점하는 자본권력이 사회 구성원들이 지각하고 인식할 수 없는 상태에서 예외 상태를 자본권력의 이해관계에 맞춰 작동시키는 한, 세월호 재앙이나 메르스 사태와 같은 불의와 불행은 사라지지 않을 것이다. 이런 상태에서의 삶은 벌거벗은 삶에 지나지 않는다. 이런 삶은 표면적으로는 삶인 것처럼 보이지만, 물질적으로 풍요를 누리는 행복한 삶인 것처럼 보이지만, 벌거벗은 삶일 뿐이다.

발터 벤야민은 「폭력 비판」에서 "생명력이 있는 것에 대한 법의 지배는 벌거벗은 삶과 함께 중단된다."[XVIII]라고 쓰고 있다. 법의 지배가 생명력이 있는 것을 겨냥하고 있다는 벤야민의 통찰이 이 문장에

XVIII. Walter Benjamin, Zur Kritik der Gewalt. in : Gesammelte Schriften. Band II·1, Aufsätze, Essays, Vorträge. Herausgegeben von Rolf Tiedemann und Hermann Schweppenhäuser, Frankfurt/M, 1980, p.200.

들어 있다. 관리된 개별 인간으로 존재하는 절대다수의 한국 사회 구성원들의 의식이 "돈만이 생존을 보증하는 유일한 수단이며 따라서 돈을 버는 것은 목적이다.", "수단과 방법을 가리지 않고 돈을 벌어 어떻든 살아남아야 한다."와 같은 의식에서 고정되거나 고정이 심화되면서 사물화가 증대된다면, 그들의 삶은 벤야민이 말하는 벌거벗은 삶에 머물러 있을 것이다. 법을 수단으로 이용하는 권력관계에 의한 인간 지배는 벌거벗은 삶을 동일한 방식으로 영구적으로 재생산하게 될 것이다. 벌거벗은 삶의 영구적인 재생산으로부터 빠져나오기 위해서는 자기 주체의 자기 포기를 강요하는 권력관계의 본질을 꿰뚫고 이것의 지배력을 약화시킬 수 있는 모든 종류의 행동을 실행으로 옮겨야 한다.